AF319723

DROIT COMMERCIAL

UNE

LOI A REFAIRE

OU

CRITIQUE DE LA LOI SUR LES SOCIÉTÉS

DES 24-29 JUILLET 1867

SUIVIE D'UN APPENDICE CONTENANT LA LÉGISLATION

Depuis 1509 jusqu'en 1880

PAR

ALFRED DOUSSAUD

AVOCAT

CHEF DE CONTENTIEUX

> « Les conventions légalement formées tiennent lieu de *loi* à ceux qui les ont faites. »
>
> (Droit romain. — Art. 1134 du Code civil.)

PARIS

IMPRIMERIE ET LIBRAIRIE GÉNÉRALES DE JURISPRUDENCE

MARCHAL, BILLARD ET Cᵉ, IMPRIMEURS-ÉDITEURS

LIBRAIRES DE LA COUR DE CASSATION

27, PLACE DAUPHINE, 27

1880

UNE LOI A REFAIRE

Brive, imprimerie MARCEL ROCHE, rue des Échevins. — 380

DROIT COMMERCIAL

UNE

LOI A REFAIRE

ou

CRITIQUE DE LA LOI SUR LES SOCIÉTÉS

DES 24-29 JUILLET 1867

PAR

ALFRED DOUSSAUD

AVOCAT

> « Les conventions légalement
> formées tiennent lieu de *loi* à
> ceux qui les ont faites. »
>
> (Droit romain. — Art. 1134
> du Code civil.)

PARIS

IMPRIMERIE ET LIBRAIRIE GÉNÉRALES DE JURISPRUDENCE

MARCHAL, BILLARD ET Cᵉ, IMPRIMEURS-ÉDITEURS

LIBRAIRES DE LA COUR DE CASSATION

27, PLACE DAUPHINE, 27

1880

PRÉFACE .

—

J'ai été amené à étudier de très près la loi du 24 juillet 1867 sur les Sociétés, dans les circonstances suivantes ,

Un de mes amis, administrateur **non statutaire** et **non fondateur,** d'une société anonyme irrégulièrement formée, après avoir été :

Acquitté par le tribunal de police correctionnelle sur le chef d'infraction à l'art. 14 de la loi du 24 juillet 1867 ;

Relaxé par le tribunal de commerce sur une demande en responsabilité intentée contre lui par un créancier de la Société ; attendu que les faits de constitution irrégulière de la Société, relevés, **avaient eu lieu avant son entrée dans la Société ;**

A été **condamné** par le **même tribunal,** sur la demande du syndic de la faillite de la Société, comme **responsable des faits illégaux antérieurs à sa nomination** et à son acceptation des fonctions d'administrateur, à **payer toutes les dettes sociales,** en vertu de l'article 42 de la même loi de 1867.

Et cette décision a été confirmée par un arrêt de la Cour d'appel de Paris.

6

Le jour où ce résultat s'est produit, je me suis incliné devant la décision des juges, mais je me suis dit : « la loi qui arrive à de pareilles inconséquences est une mauvaise loi », et je suis devenu son adversaire irréconciliable. Une longue pratique dans la direction de nombreux contentieux n'a fait que me confirmer dans ces sentiments.

Pour être respectable, en effet, une loi doit, avant tout, s'appuyer sur des principes absolument vrais, répondre aux besoins de son époque, aboutir à des conséquences logiques et équitables, prévoir le progrès et être rédigée dans des termes assez généraux pour permettre aux magistrats qui l'interprètent de l'appliquer avec tous les tempéraments que comportent le temps et les circonstances, et ne pas gêner les intérêts du public.

Sous ce rapport, la loi du 14 juillet 1867 est une de nos plus mauvaises lois et constitue un anachronisme.

Elle retardait déjà d'un quart de siècle à sa promulgation, à l'heure présente elle est tellement vieillie qu'elle ne peut tarder à disparaître.

Elle pèche par la base, n'apporte que des entraves sans aucun avantage.

Au lieu d'être protectrice, elle n'est que **prohibitive**. C'est un enfant difforme qui ne peut vivre et qui a été condamné à sa naissance par ses auteurs eux-mêmes.

Elle ne rencontre aujourd'hui, du reste, que des critiques, de jour en jour plus amères.

L'heure des réformes ayant sonné, je demande son abrogation au nom du principe de liberté proclamé par nos lois et qu'elle blesse si étrangement.

Plus de ces règlementations aussi obscures que compliquées et cependant incomplètes !

Qu'une loi simple et claire, d'une application facile, vienne en secondant l'initiative intelligente de nos capitaux, leur apporter l'émancipation qu'ils réclament et faciliter l'accroissement des richesses du pays.

C'est là le vœu général de tous les hommes intelligents, il ne peut tarder plus longtemps à être exaucé. Puisse-t-il stimuler le zèle de la commission nommée en 1875 et lui faire terminer ses patients travaux avant le vote de nos chambres, dont cette étude a pour but de hâter le moment !

A. DOUSSAUD,
Avocat.

UNE

LOI A REFAIRE

ou

CRITIQUE DE LA LOI SUR LES SOCIÉTÉS

DES 24-29 JUILLET 1867

———— ◇ ————

CHAPITRE Ier

—

Exposé

—

En 1875, un arrêté de M. le ministre de la justice nommait une commission chargée de rechercher les améliorations « que peut recevoir la loi de 1867 sur les sociétés et d'en faire l'objet d'un projet de loi qui serait soumis à l'Assemblée nationale ».

Cette commission a fonctionné, seulement son œuvre est restée inachevée.

La question est donc entière, et le vaste champ des critiques et des projets reste ouvert.

Je pense de la loi de 1867 ce qu'en pensent tous ceux qui l'ont lue et même ceux qui l'ont faite.

En ces matières, à force de vouloir tout règlementer, on ne règlemente rien. Quand on a tout prévu, ou du moins qu'on croit l'avoir fait, l'imprévu se présente et les habiles en profitent pour, en vertu du principe : « Ce qui n'est pas défendu est permis, » cotoyer impunément les plates-bandes légales et faire habilement leurs affaires en face de la loi impuissante et désarmée.

Nous avons trop de lois spéciales, qui malheureusement ne spécialisent pas.

Voulant tout régler, nous tombons dans la confusion et le cahos.

Pourquoi ne pas se contenter des dispositions générales du droit commun, qui laissant à l'appréciation du juge tous les faits litigieux, lui permettraient de consulter beaucoup plus les principes de l'équité et du bon sens que les textes étroits de nos lois plus ou moins spéciales.

C'est surtout en matière de société que ces principes doivent être observés.

En 1867, on a voulu aussi tout prévoir. Qu'en est-il résulté dans la pratique ?

Des conséquences inouïes.

Là où la loi croyait avoir établi une protection, le public n'a rencontré que des entraves ou des déceptions.

Pour de simples formalités inobservées, des hommes honorables, d'une bonne foi reconnue, ont subi des condamnations correctionnelles ou des responsabilités civiles ruineuses.

D'autres, plus habiles, qui ont opéré régulièrement, ont pu s'enrichir aux dépens du public, et passer le front haut devant cette même loi qui n'avait pas prévu leurs nouveaux procédés, ni songé à les punir.

Il n'y a pas là d'exagération ni de parti pris.

Tout le monde est convaincu qu'il y a à faire beaucoup et qu'on peut réclamer des progrès en ces matières.

Mais, nous le répétons, au lieu de légiférer à nouveau, à tort et à travers et d'entasser articles sur articles, de façon à rendre le fouillis plus épais, il faut abroger et simplifier.

Nous avons, hélas ! en France, trop de lois.

Autant nous aimons les lois claires, simples, d'une interprétation facile, autant nous détestons les règlementations compliquées et, malgré leur longueur, forcément incomplètes.

C'est pour être tombé dans cet abus, que la loi de 1867 est généralement critiquée, et, disons-le, condamnée à disparaître de nos codes dans un avenir rapproché.

Elle nous paraît avoir perdu de vue ce principe qui court les rues chez nos voisins, si pratiques, les Anglais :

« Les capitaux sont majeurs. »

Quand les capitalistes cherchent des bénéfices, voulent des intérêts énormes pour les sommes qu'ils prêtent, ils savent très bien qu'ils courent des risques en proportion des chances de gain. Quand ils veulent un placement assuré, ils n'hésitent pas à sacrifier une partie des intérêts à toucher.

Toutes les lois possibles n'empêcheront pas ces deux alternatives de s'imposer.

Du reste, le passé est là. Les lois et règlements, décrets, etc., ont-ils empêché l'emprunt mexicain, patronné par le gouvernement impérial, de ruiner tout les prêteurs confiants, ou les Sociétés véreuses de finir par des désastres ?

Et l'arsenal d'articles répressifs de notre code pénal, avec ses pénalités si générales sur les filouteries, escroqueries, vols, etc., n'était-il pas suffisant pour punir tous les chevaliers, petits et grands officiers d'industrie de leurs opérations malhonnêtes ?

Nous croyons que si. Aussi pensons-nous que tous les projets de loi sur les Sociétés, encore plus compliqués que la législation actuelle, sont une erreur.

CHAPITRE II

Examen critique de la Loi de 1867

Nous n'avons pas l'intention, on le comprend, d'examiner un à un tous les articles de la loi de 1867, et de grandir encore le nombre des volumineux commentaires plus ou moins critiques dont elle a été l'objet.

Nous nous contenterons simplement d'en faire ressortir les défauts les plus saillants, afin que le lecteur puisse être convaincu comme nous-même que c'est là une loi à refaire.

Nous nous proposons notamment de démontrer qu'elle est :

Incomplète,

Obscure et compliquée de réglementations aussi inutiles que dangereuses,

Contraire au principe de liberté des conventions consacré par nos codes,

Plus gênante que protectrice,

Enfin en désaccord complet avec les besoins et les progrès de notre époque.

---

§ 1

La Loi de 1867 est incomplète

Le premier reproche qu'on peut adresser à la loi sur les Sociétés, des 24-29 juillet 1867, est qu'elle est incomplète, si bien qu'elle ne répond pas à son titre.

Il existe en France :

Des Sociétés commerciales ;

Des Sociétés civiles ;

Et des Associations qui n'ont aucun des caractères des Sociétés civiles ni des Sociétés commerciales, comme par exemple les Tontines et les Assurances sur la vie.

Une loi sur les Sociétés, venant après le code civil, le code de commerce, les lois du 31 mars 1833, des 17 juillet 1856 et 23 mai 1863, aurait dû, pour être complète, régir toutes les sortes de Sociétés.

Eh bien ! par une anomalie bizarre, la loi de 1867 ne s'occupe que de quelques Sociétés commerciales, et ensuite des Tontines et Assurances sur la vie humaine, laissant entièrement de côté les Sociétés civiles et les autres importantes Sociétés commerciales.

Il est donc bien entendu que la loi de 1867 n'est pas, comme elle semble en avoir la prétention, une loi sur *toutes les Sociétés*, mais seulement une loi qui ne concerne que *certaines* Sociétés commerciales.

Il en résulte comme conséquence naturelle qu'elle ne justifie pas son titre.

Et cependant elle ne brille pas par la concision.

Ainsi alors que :

La loi du 17 juillet 1856 sur les Sociétés en commandite par actions ne contenait que quinze articles,

Celle du 23 mai 1863, relative aux Sociétés à responsabilité limitée, avait trente-deux articles,

Le code de commerce réglait la commandite par actions et la Société anonyme dans vingt-quatre articles,

La loi du 24 juillet 1867, en ne s'occupant principalement que de ces deux espèces de Sociétés, leur consacre *cinquante-huit* articles.

Aussi n'est-elle qu'une réglementation compliquée, peu pratique, très-gênante, en un mot un *dédale* dangereux.

Elle aurait dû, en effet, former le code *unique* et *complet* de toutes les espèces de Sociétés civiles ou commerciales, de telle sorte qu'il eût suffi de la consulter pour connaître toute la législation sur ces matières. Pour cela elle devait, avant tout, abroger toute la législation antérieure, puis élever à sa place un édifice nouveau, complet, répondant à sa destination ainsi qu'aux besoins de l'époque.

Au lieu de cela, elle s'est bornée à abroger, après de grandes difficultés, la loi du 17 juillet 1856 sur la commandite, la loi du 23 mai 1866 sur les Sociétés à responsabilité limitée; et quelques articles du code de commerce.

Cette singulière manière d'opérer, en contradiction si flagrante avec les précédents de notre législation, a abouti à une œuvre informe. De telle sorte qu'on pourrait dire de la loi de 1867 qu'elle est plutôt une *série de réglementations* qu'une loi véritable.

Tantôt elle *conserve* en vigueur certaines dispositions du code de commerce, tantôt elle en *supprime* d'autres. Là elle abroge entièrement une loi; ici elle maintient certains articles d'une autre. Pour la loi du 6 mai 1863, par exemple, elle ne déclare ni si elle la maintient ni si elle l'abroge.

Les lacunes qui en résultent sont si nombreuses qu'à chaque instant il faut passer de sa lecture à celle du code civil, du code de commerce, ou des lois antérieures pour éclaircir tous les doutes qu'elle laisse à l'esprit.

Pour préciser ce premier chef de critiques, nous dirons que la loi de 1867 a laissé de côté :

1° Les Sociétés en *commandite simple ou à intérêts*, celles en *nom collectif* et celles en *participation,* Sociétés cependant essentiellement commerciales ;

2° Les Sociétés *civiles ;*

3° Les Sociétés *minières* et *charbonnières* qui, régies par le code civil, sont presque toujours commerciales *en fait ;*

Et qu'en résumé, elle ne s'est occupée d'autres Sociétés commerciales que des *commandites par action* et de la *Société anonyme.*

Il faut donc reconnaître que la dernière loi sur les Sociétés est, de toutes celles qui ont été faites jusqu'à ce jour, la plus compliquée, la plus obscure, et malheureusement une des plus incomplètes.

Les jurisconsultes et les financiers n'ont qu'un avis sur ce point. Et la commission elle-même a reconnu les vérités qui précèdent.

« Nous aurions voulu, disait le rapport lu au
» Corps législatif en 1867, fondre dans la loi
» nouvelle les dispositions éparses du code de
» commerce, y rattacher même celles qui ré-
» glementent la *Société en nom collectif, la*
» *Société en commandite ordinaire,* et même
» *la participation,* et faire ainsi *un code com-*
» *plet* des Sociétés commerciales. Si vaste que
» fût l'entreprise, la commission n'eût pas re-
» culé devant l'exécution si elle n'avait ren-
» contré dans le projet même et dans la *volonté*
» *du gouvernement une limite* qu'il lui était
» interdit de franchir. »

Nous n'avons rien à ajouter à un pareil aveu, et la démonstration nous paraît bien complète.

On n'a pas voulu faire une loi sérieuse, mais bien être agréable à un gouvernement despotique.

§ 2

Obscurité et Réglementations compliquées de la Loi

La loi de 1867 est une loi surchargée de réglementations inutiles et tellement compliquées, que dans la pratique, au lieu d'offrir des solutions claires et faciles, elle présente les problèmes les plus difficiles à résoudre.

En outre, malgré le grand nombre d'articles qu'elle renferme, elle a des lacunes regrettables.

Il est malheureusement trop facile de l'établir.

—

1° L'article 1ᵉʳ, par exemple, dont le premier paragraphe est ainsi conçu :

« Article 1ᵉʳ. Les Sociétés en commandite ne peuvent diviser leur capital en actions ou coupons d'actions de moins de cent francs, lorsque ce capital n'excède pas deux cent mille francs, et de moins de cinq cents francs lorsqu'il est supérieur, »

Laisse un doute véritablement étrange.

Le code de commerce (art. 23 et suivants) et la loi du 6 mai 1863 ont réglementé une espèce de *Société en commandite* appelée *simple* ou par intérêts ou parts, en opposition avec la

Société en commandite par actions, qui fait l'objet de l'article 38 du même code de commerce. La loi de 1867 ne parle que de la Société en commandite par actions.

Entend-elle conserver la commandite simple ou à intérêts, beaucoup moins usitée que celle par actions ?

En d'autres termes, les articles 23 et suivants du code civil, et la loi du 6 mai 1863, sont-ils encore en vigueur ?

L'affirmative est généralement adoptée ; mais n'est-il pas déplorable qu'une pareille question puisse se poser !

—

2° D'un autre côté, que signifie cette délimitation du taux des actions — empruntée à la loi du 17 juillet 1856, sur les Sociétés en commandite, aujourd'hui abrogée — à un minimum de cent ou de cinq cents francs ?

N'est-elle pas un anachronisme, à une époque où la fortune mobilière se divise à l'infini, et où toutes les grandes entreprises s'adressent à la masse de l'épargne individuelle ?

N'aurait-on pas dû fixer pour les coupons d'actions un taux unique plus en rapport avec notre situation financière ?

Cependant, malgré les critiques si logiques de M. Picard, cette réglementation anti-démocratique et, chose remarquable, s'appliquant *spécialement* aux Sociétés en commandite *par actions*, a été maintenue.

Elle appelle une réforme urgente qui ne peut redouter aucune objection sérieuse.

—

3° L'article 3 est encore plus déplorable que l'article 1er. Suivant une expression vulgaire, c'est un véritable nid à procès, d'où sont sorties les solutions les plus bizarres et les plus diverses.

En voici les termes :

« Art. 3. Il peut être stipulé, mais seulement par les statuts constitutifs de la Société, que les actions ou coupons d'actions *pourront*, après avoir été libérés de moitié, être convertis en actions au porteur par délibération de l'assemblée générale.

» Soit que les actions restent nominatives après cette délibération, soient qu'elles aient été converties en actions au porteur, *les souscripteurs primitifs* qui ont aliéné leurs actions et *ceux auxquels ils les ont cédées* avant le versement de moitié *restent tenus* au paiement *du montant* de leurs actions *pendant un délai de deux ans*, à partir de la délibération de l'assemblée générale.»

Disons tout d'abord que cette disposition est contraire à celle de l'article 3 de la loi du 17 juillet 1856, qui, bien plus sage, déclarait les *souscripteurs responsables du montant total* de ces actions, nonobstant toute stipulation contraire.

Et ajoutons que si, au lieu de délimiter à 100 francs ou 500 francs la valeur des actions par l'article 1er de la loi de 1867, on s'était rangé à l'avis de M. Picard, demandant que le taux des coupures fût descendu à 25 et 50 francs, l'article 3 aurait pu devenir inutile, en ce sens que la libération du titre aurait pu être faite bien plus facilement en un seul paiement ou en deux, et la négociation ajournée après cette délibération.

Quoi qu'il en soit, l'article 3 a eu, d'après l'exposé des motifs, pour but de consacrer *le principe de la liberté des conventions* et la faculté pour chacun, « par une *volonté formellement exprimée d'étendre* ou *restreindre à son gré les effets de ses engagements.....*

« *Ceux qui traitent dans ces conditions,* toujours d'après l'exposé des motifs, *connaissant la limite de la réserve qui a été énoncée dans le contrat, sont tenus d'en subir les conséquences.* »

Il est bien difficile de concilier ces passages de l'exposé avec le rapport de la commission — sur le contre-projet de loi Ollivier dont nous parlerons plus loin — sur les effets de la *publicité* des actes du traité.

« La publicité, quelque large et étendue qu'on

la suppose, *sera impuissante* ici — disent les rapporteurs. Il faut tenir compte des faits, des habitudes et de l'insouciance des hommes. Or, l'expérience nous montre partout qu'attirés par des annonces pompeuses, par un prospectus séduisant et habile, les actionnaires *souscrivent sans prendre connaissance des statuts et conventions;* et que du pacte social *ils ne connaissent qu'une chose : le bulletin de souscription.* . . . .

» Ce qui est vrai, c'est que la rapidité et le nombre des affaires, la bonne foi qui en est l'âme, la multiplicité des points sur lesquels la Société opère, en dehors de son centre, *ne permettent pas d'étudier,* à l'occasion de chaque opération, les *stipulations sociales.....* Il est facile de dire : eh bien ! quand on voudra entrer dans une Société ou contracter avec elle, on devra s'informer, se renseigner, examiner s'il y a ou non danger à le faire. *La nature des choses résiste à ce qu'il en soit ainsi.* »

Il est vrai que l'exposé des motifs venait à l'appui de la loi proposée par le gouvernement, et que le rapport combattait le contre-projet.

Il n'en est pas moins singulier de voir la même commission prétendre protéger des incapables ou des inconscients et les exposer, en même temps, aux dangers de statuts et de conventions dont on sait *qu'ils ne prennent pas même connaissance.*

Quoi qu'il en soit, le législateur, admettant que les contractants avec la Société ou les actionnaires, fussent-ils à cinquante, cent lieues de son siége, vérifient ou font vérifier ses statuts et sa situation, a cru devoir insérer l'article 3 dans la loi de 1867.

Mais qu'a-t-il voulu dire?

Chaque actionnaire ayant libéré ses actions de moitié, a-t-il le droit de se faire délivrer immédiatement des titres au porteur?

Ou doit-il attendre que cette libération ait eu lieu pour *toutes* les actions sans exception, au moment de la réunion de l'assemblée générale?

M. Vavasseur pense que la libération individuelle donne droit à l'échange des *actions nominatives contre des actions au porteur.*

M. Bédarride est d'un avis contraire, que nous partageons complétement.

Car le législateur a voulu évidemment que la dérogation au droit commun, dégageant au bout de deux ans au lieu de trente ans, le souscripteur de son obligation, n'ait lieu que lorsque:

1ment. Toutes les actions ont été libérées de moitié;

2ment. L'assemblée générale a voté la conversion.

Sans cela les tiers seraient trompés.

Le tribunal de commerce de la Seine a cependant admis la validité de la décision des

actionnaires dans un cas analogue, mais la cour
d'appel de Paris, dans un arrêt du 17 août 1878,
confirmé par la cour de cassation (arrêt des actionnaires du Crédit rural du 17 août 1878) a
avec raison déclaré :

« Que la délibération de l'assemblée générale d'une Société (Crédit rural) décidant la
transformation en titres au porteur des actions
libérées était nulle, *parce que toutes et chacune des actions de la Société n'étaient pas
en ce moment libérées de moitié.*

» Et que par suite de cette nullité, les actionnaires, souscripteurs ou titulaires ayant
cédé leurs titres ne pouvaient, aux termes de
l'article 3 de la loi de 1867, se prétendre déga-
gés de toute responsabilité au sujet des versements ultérieurs. »

Mais n'est-il pas déplorable, après les longues
discussions qui ont eu lieu au Corps législatif,
les inconvénients qui ont été signalés, les
amendements proposés, étant donné la clarté
proverbiale de notre langue, de voir maintenir
dans une loi française, qui prétend réaliser un
progrès, une rédaction prêtant autant à l'équi-
voque et consacrant une dérogation au droit
commun, dont les dangers et les inconvénients
sont évidents.

Quoi de plus facile, en effet, pour un souscripteur qui s'aperçoit que l'actif de la Société
est englouti et sa ruine certaine, de céder ses

titres à un insolvable et d'éviter ainsi le versement des troisième et quatrième quarts? Et combien plus sage était la loi de 1856 que celle de 1867 a cependant prétendu perfectionner.

———

4° L'article 4 contient également des dispositions obscures qui, après avoir donné lieu à une vive discussion, sont loin d'être suffisamment explicites et laissent sans solution des éventualités qui peuvent se produire.

En voici la rédaction :

Article 4. — « *Lorsqu'un associé* aura fait un apport qui ne consiste pas en numéraire, ou stipulé à son profit des avantages particuliers, la première assemblée générale fera apprécier la valeur de l'apport ou la cause des avantages stipulés.

» *La Société n'est définitivement constituée qu'*APRÈS L'APPROBATION *de l'apport ou des avantages donnée, par une autre assemblée générale, après une autre convocation.*

» La seconde assemblée générale ne pourra statuer sur l'approbation de l'apport ou des avantages qu'après un rapport. . . . . .

» .....Les délibérations sont prises par la majorité des actionnaires présents. *Cette majorité doit comprendre le quart des actionnaires et représenter le quart du capital social en numéraire.*

» .....A défaut d'approbation, la Société reste sans effet à l'égard de toutes les parties..... »

Cet article, à lui tout seul, peut justifier le triple reproche que nous faisons à la loi d'être : 1° incomplète ; 2° obscure ; 3° et surchargée de réglementations inutiles.

Le premier mot offre à l'esprit un doute.

Que signifie l'expression *associé ?*

S'applique-t-elle seulement au simple associé-actionnaire, ou comprend-elle aussi l'associé-administrateur ou gérant ?

La question a été sérieusement agitée, et sa solution, dans un sens ou dans l'autre, arrive à des conséquences très-graves.

Si l'expression *associé* ne doit s'entendre que comme synonyme de simple actionnaire, dans le cas où le fondateur de la Société s'est attribué la gérance, il n'est pas soumis à l'approbation de la valeur de son apport par l'assemblée générale.

Si, au contraire, elle embrasse aussi bien le gérant que l'actionnaire, c'est-à-dire tout individu qui fait un apport, l'approbation par l'assemblée générale est indispensable.

La cour de Bordeaux, à laquelle l'interprétation de l'article 4 avait été soumise, n'a pas hésité, par son arrêt du 20 novembre 1865, à décider qu'aucune distinction ne devait être faite « entre le cas où les avantages particuliers sont stipulés à son profit par un *associé* qui n'a

que cette seule qualité, et celui où il cumule-
rait avec elle l'exercice de fonctions adminis-
tratives dans la Société. »

C'est très-bien jugé; mais il eût été plus
facile et plus simple, en usant d'une rédaction
plus attentive, d'écarter de pareilles difficultés
en empêchant la question de se poser.

—

Un second reproche à faire à l'article 4 de
la loi du 24 juillet 1867, c'est :

1^{ment.} Qu'il ne prévoit pas le cas où l'assemblée générale, à laquelle doit être soumise l'approbation de l'apport, ne pourrait pas se constituer dans les conditions imposées pour sa
validité.

Cela peut cependant très-bien se présenter
et se présente assez fréquemment dans la pratique.

Première lacune.

2^{ment.} Qu'il ne précise pas comment doit être
composée la première assemblée chargée de
faire apprécier la valeur de l'apport ou la cause
des avantages stipulés.

La composition de la seconde est parfaitement indiquée, pourquoi n'est-il rien dit de la
première ?

Doit-elle comme celle-ci, à peine de nullité,
être composée de souscripteurs représentant

en majorité le quart des actionnaires et le quart du capital-argent ?

La question est posée mais non résolue par la loi.

Aussi les avis sont-ils opposés.

Nous constatons, en le regrettant, le silence de la loi, et à notre avis il est au moins prudent de composer la première assemblée comme la seconde.

Deuxième lacune.

3^{ment} Il peut arriver, et il est arrivé, que les actionnaires présents ne représentent pas la majorité du quart en nombre et en somme; que se passera-t-il alors ?

La Société sera-t-elle nulle ?

Pourra-t-on convoquer une nouvelle assemblée ?

L'article 4 n'en dit rien, et on admet généralement que la Société n'ayant pu se constituer est irrévocablement nulle.

Cependant il est bien regrettable que pour des causes souvent accidentelles, l'irrégularité d'une assemblée, qui pourrait à quelques jours de là se réunir dans les conditions voulues par la loi, fasse avorter une opération importante, et que tous les frais faits soient dépensés en pure perte.

C'est sous l'empire de ce sentiment que MM. Mathieu et Bourguignat, dans leur commentaire de la loi de 1867, n° 46, tout en concluant qu'en pareil cas la Société est impossible, ajoutent toutefois : « Il serait bien dur cependant, là où une nouvelle assemblée réunirait et au-delà le nombre d'actionnaires et la somme de capital exigé par la loi, de considérer la Société comme annulée de fait, et nous inclinons à penser que dans ce cas, les tribunaux devraient la maintenir. »

Pourquoi alors ne pas le dire et ne pas choisir une rédaction plus claire et surtout plus complète ?

4[ment] En outre, l'article 4 présente, paragraphes 2, 3 et 4, une anomalie bizarre en édictant pour les Sociétés *en commandite par actions* des dispositions qui diffèrent de celles applicables, dans des cas identiques, aux Sociétés anonymes.

Ainsi, tandis que pour les Sociétés en commandite par actions, la composition de la deuxième assemblée générale chargée de l'approbation de l'apport, est réglée par l'article 4, que voici :

Article 4. « Cette majorité doit comprendre le quart des actionnaires et représenter le quart du capital social. »

La composition de la deuxième assemblée chargée de la même mission, quand il s'agit de Sociétés anonymes, est fixée par l'article 30 ainsi conçu :

« Article 30. Les assemblées doivent être

composés d'un nombre d'actionnaires représentant *la moitié au moins du capital social.* Les résolutions deviennent définitives si elles sont approuvées. »

Ainsi la même loi dans deux articles différents pour des cas analogues :

Réduit au quart en nombre et au quart en capital numéraire, la majorité qui doit représenter l'assemblée chargée d'approuver les apports quand il s'agit de *Sociétés en commandite par actions,* et exige la représentation *de la moitié au moins du capital-argent* pour la validité de la même assemblée, lorsqu'il est question de *Sociétés anonymes.*

En cas d'échec dans la réunion de cette même assemblée, elle considère la Société comme nulle, sans permettre une nouvelle convocation pour les commandites par action.

Et elle autorise une nouvelle assemblée générale, qui peut alors ne représenter que le *cinquième du capital social* et approuver valablement l'apport pour les Sociétés anonymes !

Quelle raison sérieuse peut-on donner pour justifier les dispositions différentes des articles 4 et 30 pour des situations semblables?

Nous avouons ne pas comprendre la distinction que nous critiquons.

Un seul article bien clair, bien net, aurait évidemment suffi.

§ 3

LA LOI DE 1867 EST CONTRAIRE AU PRINCIPE DE LA LIBERTÉ DES CONVENTIONS

Le grand principe de la liberté des conventions, consacré par nos codes comme il l'était par la loi romaine, se formule ainsi :

« Les conventions légalement formées tiennent lieu de loi à ceux qui les ont faites. » (Article 1134 du code civil.)

L'exposé des motifs de la loi de 1867 l'affirmait nettement, en lui rendant un respectueux mais trop platonique hommage, dans les termes suivants :

« On aurait voulu qu'il fût possible d'accorder au principe de la *liberté des conventions* un empire absolu.

» C'est assez dire, ajoutait-il, *qu'aucune exception* n'y a été faite que lorsque l'intérêt même du commerce ou de l'industrie en a démontré l'impérieuse nécessité..... L'autorité ne doit pas *indiscrètement se mêler* aux transactions privées. »

Malheureusement jamais programme ne fut moins rempli, et il semble que c'est par erreur que cet exposé a été placé en tête de la loi de 1867.

Nous avons vu (§ 2), en examinant l'article 1er, un premier exemple de cette manie de réglementation allant jusqu'à limiter le taux des actions à un minimum de 100 à 500 francs.

— Les articles 5 et 6 en sont une nouvelle preuve.

En voici les termes :

« Article 5. *Un conseil de surveillance, composé de trois actionnaires* AU MOINS, est établi dans chaque Société en commandite par actions.

» Le conseil est nommé par l'assemblée générale des actionnaires immédiatement après la constitution définitive de la Société et avant toute opération sociale.

» Il est soumis à la réélection aux époques et suivant les conditions déterminées par les statuts.

» Toutefois le premier conseil n'est nommé que pour une année. »

La loi de 1856 avait porté à cinq le nombre des membres du conseil de surveillance, créant ainsi, souvent, une impossibilité matérielle de fonctionnement.

La loi de 1867, voulant maintenir cette réglementation, tout en la modifiant, a réduit le nombre à trois.

Dans un grand nombre de cas, l'impossibilité est la même.

Il peut arriver, et il est arrivé (affaire Pascal et Pecoul, à Marseille, — arrêt d'Aix du 18 novembre 1857), qu'une Société en commandite

par actions ne se compose que de deux personnes : le gérant et un actionnaire.

Il arrive plus souvent qu'il n'y a qu'un très-
petit nombre d'intéressés, inférieur à quatre.
Que se passe-t-il alors?

Le texte est formel; le conseil de surveillance ne pouvant être de moins de trois membres, la Société ne peut fonctionner.

Bien plus, d'après MM. Mathieu et Bourguignat, elle ne peut être constituée.

N'est-ce pas un merveilleux résultat, et n'est-
on pas frappé de la logique de la loi qui, n'empêchant pas directement une Société en commandite par actions de se former entre deux et
trois personnes, arrive dans son article 5, pour
une question de forme, à l'empêcher de fonctionner, bien plus d'exister?

Cependant qu'on ne s'y trompe pas, ce même
article 5 qui amène une conséquence si étrange,
n'avait d'autre but que de protéger les actionnaires contre des spéculateurs audacieux.

On voit comment il atteint le but.

A notre avis, l'article 5 ne peut viser que
le cas où le nombre des actionnaires est supérieur à quatre.

Dans tous les autres, il est évidemment sans
application.

S'il en était autrement, il faudrait admettre
que la loi a prohibé *tacitement* les Sociétés en

commandite entre moins de quatre personnes,
ce qui serait complétement absurde.

Ici l'excès de réglementation à l'extrême,
que nous reprochons à la loi de 1867, n'est pas
seulement inutile ; il est, on le voit, dangereux.

— Seconde anomalie :

Le premier conseil élu par l'assemblée générale, et soumis à la réélection, n'est nommé
que pour une année.

Qu'à voulu dire la loi par cette disposition
inusitée ?

Le 1ᵉʳ conseil est-il ainsi revêtu d'un mandat
irrévocable qui doit durer une année entière ?

MM. Mathieu et Bourguignat répondent oui.

M. Bédarride dit non.

D'après les premiers, la réélection, à l'expiration de l'année, est le seul moyen de révoca-
tion laissé aux actionnaires, quels que soient
leurs griefs contre le conseil de surveillance ;
d'après le dernier, les actionnaires peuvent
annuler le mandat si les membres du conseil
commettent des fautes graves.

Admirable résultat d'une rédaction lentement
étudiée et d'une législation qui veut tout prévoir.

Il était si simple de laisser les intéressés
nommer autant de membres du conseil de surveillance pour autant d'années ou de mois
qu'il leur aurait plu !

Mais alors il aurait fallu admettre ce principe cependant bien peu subversif que les inté-

ressés, étant majeurs, savent ce qu'ils font, aussi bien quand il s'agit de Société que dans les autres actes de la vie.

— L'article 23 contient encore une autre réglementation bizarre ; la voici :

« Article 23. La Société ne peut-être constituée si le nombre des associés est inférieur à sept. »

Pourquoi cette disposition ?

Pour quel motif, comme le faisait observer M. Picard, au Corps législatif, un nombre inférieur de personnes, voulant créer entre elles une Société anonyme et possédant les capitaux suffisants pour le faire, ne le pourrait-il pas?

La réponse est facile.

Parce que les législateurs de 1867, ne tenant aucun compte de l'immense essor qu'avaient déjà pris et qu'allaient encore prendre les associations financières, ont voulu réglementer des matières dans lesquelles la liberté la plus grande doit être laissée aux intéressés, et ont été ainsi fatalement conduits à des dispositions fantaisistes, apportant la gêne là où il ne devait y avoir que des facilités.

—

Mais le plus manifeste exemple de l'aberration du législateur est contenu dans les articles 48, 49 et suivants du titre III, contenant les *dispositions particulières* aux Sociétés à capital variable.

L'article 48 permet de stipuler dans les statuts de toute Société que le capital sera susceptible d'augmentation et de diminution ; mais il ajoute aussitôt que de pareilles Sociétés seront soumises aux dispositions des articles suivants.

Et immédiatement après, l'article 49 défend de porter au-dessus de *200,000* francs le capital social, et de l'augmenter de plus de 200,000 par année.

L'article 50, de son côté, prescrit que les actions seront toujours nominatives, d'une valeur égale ou inférieure à 50 francs, négociables par voie de transfert, mais que les statuts pourront donner le droit de s'opposer à ce transfert.

L'article 51 exige que les statuts déterminent la somme au-dessous de laquelle le capital ne pourra être réduit ; mais cette somme ne peut être inférieure au dixième du capital souscrit.

— Tout est bizarre dans ces dispositions, même le titre.

Les articles 48 et suivants n'ont voulu, sous cette dénomination, réglementer que *les Sociétés coopératives*.

Le premier intitulé était :

Des Sociétés de coopération.

Le mot *coopération*, qui était parfaitement logique puisqu'il indiquait une espèce tout-à-fait particulière de Société, fut rayé précisément à cause de sa signification.

On choisit alors le nom de :

Dispositions particulières aux Sociétés à personnel et à capital variables.

Le conseil d'État ayant supprimé, on ne sait pourquoi, le mot *personnel*, on arriva définitivement à la dénomination actuelle, qui est absolument impropre.

Ce serait, en effet, une erreur grave que de croire que le titre III réglemente autre chose que les Sociétés coopératives et s'applique aux Sociétés à capital variable.

Sous la législation actuelle, il n'y a pas de Sociétés spécialement à capital variable, par l'excellente raison que toutes les Sociétés peuvent, en principe, augmenter ou diminuer leur capital.

Il est facile de le démontrer.

Pour l'augmentation du capital, pas de difficulté possible.

Toute Société anonyme, pouvant modifier ses statuts, en vertu de la loi (article 31), ou par suite d'une des clauses statutaires, la faculté d'*augmenter* son capital en découle forcément, et personne, pas même les créanciers — dont la situation ne peut qu'en être améliorée, — ne peut empêcher l'assemblée générale des actionnaires, c'est-à-dire la collectivité des intéressés de décider cette augmentation.

Il en est de même pour la *diminution du capital* toutes les fois que les tiers ne sont pas lésés par cette modification.

Si en effet les actionnaires reconnaissent qu'une partie du capital social est inutile, rien ne leur défend. de le reprendre et de se le distribuer, à moins qu'il n'y ait des créanciers qui pourraient s'opposer à une mesure diminuant leur garantie.

Mais si les associés n'ont pas avec des tiers d'engagements qui les lient d'une manière quelconque sur ce point, ils sont parfaitement libres de réduire leur capital à la somme qui leur plaît.

Nous allons même plus loin, et nous croyons que même lorsque la Société a des créanciers, si par suite de pertes éprouvées, son capital primitif a diminué, elle peut, en modifiant ses statuts, réduire son capital nominal au chiffre de son capital réel, à la condition, bien entendu, de remplir toutes ses obligations vis-à-vis des tiers ; parce qu'alors la réduction du capital n'est plus une diminution volontaire de l'actif, faisant passer de la caisse sociale dans les poches des actionnaires des sommes plus ou moins importantes, mais simplement la *constatation d'un fait*, — la réduction de l'actif.

Quoi qu'il en soit, il n'est pas douteux qu'en principe et d'une manière absolue toute Société anonyme peut modifier, c'est-à-dire changer son *modus vivendi*, et par suite augmenter ou diminuer comme il lui plaît son capital. Bien plus, cette modification peut être faite plusieurs fois dans une année ; il suffit pour cela que les actionnaires le jugent à propos. Ce n'est là qu'une application du droit commun.

La conséquence est bizarre, étant donné l'intitulé des articles 48 et suivants.

Il est donc bien clair que le titre III n'aurait aucune raison d'être si on le considérait comme s'appliquant à d'autres Sociétés qu'aux associations d'une nature spéciale, appelées *coopératives*, qui ayant pris naissance en Angleterre, se sont répandues par l'Allemagne, la Belgique et la Suisse, jusqu'en France.

Mais même avec cette restriction rationnelle du titre III, qui est la condamnation évidente de son intitulé, on ne peut s'empêcher d'être choqué des réglementations puériles apportées à la liberté des conventions pour ces sortes de contrats.

Pourquoi limiter le capital social,

Son augmentation,

Sa diminution ?

Pourquoi imposer des titres nominatifs ?

Fixer d'avance la valeur des actions ou de leurs coupons à 50 francs ?

Donner le droit d'opposition à leur transfert, à la Société ?

Quoi de plus singulier !

Le législateur, en apparence plein de sollicitude pour les Sociétés coopératives, semble avoir voulu les protéger, rendre leur fonctionnement plus facile, et il est arrivé à les mettre en dehors du droit commun, à leur imposer des conditions plus gênantes que celles qui s'appliquent aux autres associations !

Les autres Sociétés, en effet, peuvent sans aucune entrave — les droits des tiers restant intacts — augmenter, diminuer leur capital toutes les fois qu'il leur plaît, et les seules Sociétés à capital variable dont s'occupe la loi de 1867 ne le peuvent qu'à la condition de n'opérer ces changements *qu'une fois* par an, et jusqu'à concurrence de 200,000 francs, pour chaque augmentation.

Bien plus, tant on tient à prouver quel intérêt on porte à ces associations, on fixe à 50 francs au minimum l'importance des actions ou coupons d'actions, on veut qu'ils soient nominatifs, qu'enfin ils ne soient transférés que si le conseil d'administration ou l'assemblée générale ne s'y oppose pas.

De telle sorte que, sous prétexte de protéger, on a accumulé toutes les gênes, tous les obstacles possibles.

On n'est pas plus malheureux ou plus illogique.

Les Sociétés en participation sont surtout utiles à la classe ouvrière. Chaque membre dispose donc généralement de très-faibles sommes.

Pourquoi dire que les coupons d'actions ne pourront être inférieurs à 50 francs (article 50)?

Dans cette classe besoigneuse on a souvent besoin de réaliser ses économies ; il faut le faire vite, facilement, à peu de frais de temps et d'argent.

Pourquoi donc stipuler que la négociation de ces actions, qui doivent se trouver entre les mains des ouvriers, ne peut avoir lieu que par voie de transfert, le conseil ou l'administration de la Société ayant toujours droit de *veto*.

Toutes ces entraves n'ont aucune raison d'être, blessent la liberté des conventions et ne s'expliquent évidemment que parce que la loi ayant été faite sous un gouvernement despotique, celui-ci a désiré, avant tout, paralyser l'essor d'associations dont la puissance eût pu lui porter ombrage à un moment donné, et en faisant un programme tout éclairé du mot de *liberté*, ne l'exécuter qu'en trompe-l'œil.

On a voulu avoir l'air de protéger des Sociétés dont en réalité on craignait le développement.

Le titre III, comme toute la loi, est entaché d'un péché originel ineffaçable.

En supposant que les législateurs de 1867 eussent voulu sérieusement faire une loi constituant une œuvre de progrès, ils auraient, ainsi qu'ils l'ont déclaré, « rencontré dans le projet même et *dans la volonté du gouvernement* une limite qu'il leur était interdit de franchir. »

§ 4

La Loi de 1867 est plus gênante que protectrice.

Nous pourrions multiplier les exemples pour démontrer combien la loi de 1867 est défectueuse. Mais ceux que nous avons donnés sont assez concluants.

Disons cependant deux mots des dispositions pénales de la loi de 1867.

I

L'article 41 est ainsi conçu :

« Article 41. Est nulle et de nul effet à l'égard des intéressés, toute Société anonyme pour laquelle n'ont pas été observées les dispositions des articles 22, 23, 24 et 25 ci-dessus. »

L'article 24, se référant aux articles 1, 2, 3 et 4, le résultat analytique est que la Société est nulle si :

Les administrateurs n'ont pas été nommés dans les conditions légales ;

La Société s'est constituée avec un nombre inférieur à sept ;

Le taux des actions n'est pas conforme aux proportions indiquées, ou si les prescriptions relatives à la souscription et au versement du capital, à la négociation des titres, à leur conversion en actions au porteur n'ont pas été observées ;

Les apports ou les avantages n'ont pas été vérifiés ;

L'assemblée générale n'a pas rempli les conditions exigées, ou n'a pas été réunie par les fondateurs.

On remarquera que toutes ces nullités *ne peuvent être que le fait des fondateurs,* puisqu'*elles sont,* en effet, ANTÉRIEURES à l'entrée en fonction et *même à la nomination des administrateurs.*

Cependant l'article 42 dit textuellement :

« Article 42. Lorsque la nullité de la Société, ou des actes et délibérations, a été prononcée aux termes de l'article précédent, *les fondateurs auxquels la nullité est imputable* ET *les administrateurs en fonction au moment* où elle a été encourue *sont responsables solidairement* envers les tiers, sans préjudice des droits des actionnaires. . . . . . . »

Cette disposition est véritablement étrange.

« Lorsque la nullité..... de la Société a été prononcée *aux termes de l'article précédent,* » dit l'article 42.

Mais c'est en vain qu'on chercherait dans l'article 41 un mot s'appliquant aux actes et délibérations susceptibles d'être annulés.

Cette disposition est donc une véritable énigme.

On ne peut l'expliquer qu'historiquement.

La rédaction primitive de l'article 41 contenait la disposition ci-après :

« Sont également nuls les actes et délibérations désignés dans l'article 23, s'ils n'ont point été *déposés et publiés* dans les formes prescrites par les articles 21 et 22. »

Cette disposition fut retranchée, mais par le plus étrange oubli, on négligea de supprimer dans l'article 42 les mots *actes* et *délibérations*.

De là l'étrangeté signalée.

II

Il y a bien plus.

La nullité pour défaut des formalités exigées pour les constitutions de la Société ne peut venir évidemment que du *fait des fondateurs*.

La responsabilité incombe-t-elle à eux seuls, ou pèse-t-elle aussi sur les administrateurs ?

D'après M. Mathieu, un des auteurs de la loi, et M. Bourguignat, son commentateur :

« Il est certain que de quelque manière que l'article soit conçu, *les administrateurs ne sauraient répondre* de la nullité de la Société à raison des infractions de la loi qui vicieraient cette Société dans son essence et dans son origine. *Ceux-là même* qui les premiers seraient entrés en fonction *ne peuvent encourir la* responsabilité dont il s'agit, puisque lors de leur nomination ou lorsqu'ils ont été désignés par les statuts, leur acceptation est le *dernier acte* par lequel se constitue la Société.

» Au surplus, la loi, comme elle le fait dans les commandites par actions pour les membres de surveillance, *ne leur impose pas le devoir de vérifier* si toutes les conditions légales auxquelles est subordonnée la constitution de la Société ont été régulièrement accomplies. Le soin de ces vérifications, *c'est* pour les Sociétés anonymes, *à la première assemblée* générale qu'elle le confie ; c'est à celle-ci, *non aux administrateurs*, que doit être soumise, avec les pièces à l'appui, la déclaration notariée dont sont tenus les fondateurs à la suite de la souscription totale des actions et du versement du premier quart.

» Lors donc que notre article dispose qu'en cas de nullité de la Société ou des actes et délibérations, les fondateurs et administrateurs sont responsables solidairement, *il entend,* à coup sûr, *parler de la responsabilité respective des uns ou des autres entre eux. Il ne veut pas dire que les administrateurs seraient tenus solidairement des dommages-intérêts encourus par les fondateurs et réciproquement.*

Cependant malgré l'équité de cette interprétation, l'autorité que lui donne la personnalité de M. Mathieu, M. Bédarride la repousse. »

D'après M. Bédarride, « Si le législateur

n'avait voulu dire que ce que supposent nos auteurs, il aurait nettement établi la distinction, tout au moins aurait-il déclaré que *les fondateurs* ou *les administrateurs en fonctions*..... sont responsables.

» Loin de là, l'article déclare solidairement responsables les *fondateurs* ET *les administrateurs*. Il *suppose* donc nécessairement une faute commune imputable aux uns et aux autres. »

Et, ce qui est plus grave, la jurisprudence est unanime pour appliquer à la lettre l'article 42.

Peu importe que les administrateurs soient de la meilleure foi du monde, qu'ils aient été trompés eux-mêmes; par le fait même de l'acceptation de leurs fonctions, *ils sont responsables* comme les fondateurs.

C'est évidemment une monstruosité que n'ont jamais voulu consacrer les législateurs de 1867, et que M. Mathieu a repoussé avec la plus juste raison.

Rendre responsables les fondateurs *auteurs de la fraude* des conséquences de la fraude, rien de plus logique; mais appliquer la même responsabilité solidairement aux administrateurs *trompés eux-mêmes*, n'ayant pas mandat de faire les vérifications qu'on leur reproche de n'avoir pas faites, dans le système soutenu par M. Bédarride et appliqué par la jurisprudence, et seulement coupables de n'avoir pas deviné le dol et la fraude ou les irrégularités commises, c'est vraiment dépasser toutes les bornes de l'arbitraire et assimiler deux faits dissemblables totalement.

Car encore une fois, les fondateurs seuls sont coupables, et il est inique de rendre responsables les administrateurs qui sont nommés APRÈS *les faits incriminés*.

Ce que nous indiquons est matériellement exact.

Le paragraphe 2 de l'article 24 et l'article 25 du titre II traitant des Sociétés anonymes sont ainsi conçus :

« Art. 24. — Les dispositions des articles 1, 2, 3 et 4 de la présente loi sont applicables aux Sociétés anonymes. La déclaration imposée au gérant par l'article 1er est faite *par les fondateurs* de la Société anonyme ; *elle est soumise*, avec les pièces à l'appui, *à la première assemblée générale, qui en vérifie la sincérité.*

» Art. 25. — Une assemblée générale est dans tous les cas convoquée à la diligence des fondateurs, *postérieurement* à l'acte qui constate la souscription du capital social et le versement du quart du capital, qui consiste en numéraire. *Cette assemblée nomme les premiers administrateurs......* La Société est constituée *à partir* de cette (leur) acceptation. »

Enfin, l'article 1ᵉʳ auquel se réfère l'article 24 et qu'il déclare applicable aux Sociétés anonymes, contient les dispositions suivantes :

« Article 1ᵉʳ. — Les Sociétés en commandite..... Elles ne peuvent être définitivement constituées qu'après la souscription de la totalité du capital social, et le versemeut par chaque actionnaire du quart au moins du montant des actions par lui souscrites. — Cette souscription et ce versement *sont constatés* par une déclaration du gérant. »

On le voit, nulle part la loi n'impose aux premiers administrateurs la vérification des déclarations des fondateurs. Bien plus, cette mission est confiée spécialement en termes formels et très-clairs par l'article 24 à la première assemblée générale.

Cela est si vrai que M. Bédarride lui-même, dans son commentaire de la loi de 1867, édition de 1871, tome II, page 58, nº 367, examinant l'article 24, déclare : la « constitution (de la Société anonyme) ne résulte et ne peut résulter que de l'accomplissement des prescriptions de l'article 25.

» A cet effet, et pour y parvenir, *les fondateurs* doivent, après avoir fait la déclaration que l'article 24 leur impose, convoquer une assemblée générale.

» *Cette assemblée, examen et vérification faits* de la déclaration et des pièces à l'appui,

nomme immédiatement les premiers admi-
nistrateurs et le commissaire surveillant ins-
titué par l'article 32. »

Est-ce assez clair !

1º Les fondateurs font la déclaration que
toutes les prescriptions exigées par la loi ont
été remplies et produisent les pièces à l'appui ;

2º L'*assemblée* les *examine* et les *vérifie ;*

3º Et *après* cet examen et cette vérification,
l'assemblée nomme immédiatement les premiers administrateurs.

Cela résulte des termes des articles 1er, 24
et 25.

M. Bédarride le reconnaît, et cependant il
admet que les conséquences des nullités, qui
sont le *fait personnel et direct* des fondateurs,
entraînent la responsabilité solidaire des administrateurs qui, dit-il, « pouvant l'empêcher,
l'ont laissé commettre. »

« Il est bien vrai, ajoute-t-il, que l'article 24
exige que la déclaration des fondateurs avec
pièces à l'appui soit soumise à l'assemblée générale, *qui en vérifie la sincérité.* Mais est-ce
que le législateur a pu se faire illusion sur le
caractère de cette vérification, au point de s'en
contenter dans l'intérêt du public, et de dis-
penser les administrateurs de vérifier cette
sincérité à leur tour..... »

« S'il en était ainsi, ajoute M. Bédarride, le
législateur mériterait le reproche d'avoir sacri-

fié la proie pour l'ombre..... Les administrateurs ont tout le temps et tous les moyens
désirables pour rendre la vérification sérieuse
et utile.

» Et c'est à l'assemblée générale que ce devoir aurait été imposé, sans se demander si elle
était en état de le remplir, que dis-je? en la
mettant dans l'impossibilité de le faire !

» Notons, en effet, qu'elle doit, séance tenante, nommer les administrateurs, choisir les
commissaires de surveillance et constituer la
Société. »

Et il en arrive ainsi à accorder une science
infuse aux administrateurs, une sorte d'intui-
tion qui, par le fait même de leur nomination,
les rend extra-lucides et leur donne la faculté
de tout savoir et de tout deviner instanta-
nément.

Si bien qu'il finit, comme réfutation péremp-
toire, par citer le rapport fait par M. Mathieu
lui-même au Corps législatif en ces termes :

« L'article 42 impose la responsabilité de la
nullité qu'il prononce aux fondateurs auxquels
elle est imputable, et aux administrateurs en
fonctions *au moment où elle a été encourue,*
les uns parce qu'elle est leur œuvre personnelle et directe, les autres *parce que pouvant
l'empêcher ils l'ont laissé commettre,* et par
une conséquence légitime de cette *faute com-*

mune, il prononce la solidarité entre tous envers les tiers..... »

Eh bien ! malgré ou plutôt à cause des termes mêmes de ce passage, quelque déférence que nous ayons pour la science de M. Bédarride et l'élévation de son esprit, nous persistons à proclamer que l'article 42 ne veut pas dire ce que la jurisprudence et lui-même veulent lui faire dire.

Les administrateurs ne sont pas chargés de vérifier les déclarations du gérant.

Ils ne sont donc pas responsables *de plano.*

Ils ne peuvent l'être que s'*ils sont en fonction* lorsque la nullité a été encourue.

Et lorsque les fraudes ont été commises par les fondateurs, *antérieurement* à l'assemblée générale, les administrateurs nommés par cette assemblée après la vérification qui lui incombe n'*étaient pas en fonction.* On ne peut donc appliquer l'article 42 qu'aux administrateurs *statutaires.*

De plus, le rapport, comme l'article 42, suppose que les administrateurs ont connu la fraude, qu'ils ont pu l'empêcher, que par suite il y a eu complaisance, complicité tacite ou active, *faute commune,* en un mot ; mais cette faute ne se présume pas, il faut qu'elle soit prouvée, sans cela l'iniquité que nous avons signalée éclatera dans toute son horreur.

A quel moment les administrateurs devront-ils, dans le système de M. Bédarride, faire la vérification ?

Ce n'est pas certainement au moment même de leur nomination, *séance tenante.*

M. Bédarride avance que l'assemblée elle-même, qui a tout son temps, ne le peut pas.

La même impossibilité existe bien plus pour les administrateurs puisque la séance est levée aussitôt après leur nomination.

Il faut donc leur accorder un temps suffisant pour découvrir la fraude qu'ils n'ont pas commise, qu'ils ignorent, mais dont ils sont quand même responsables.

Quel sera le délai ? Si la tromperie est habilement dissimulée, il peut être de très-longue durée : de plusieurs mois, de plusieurs années.

Il faut donc prouver que l'administrateur a connu les causes de nullité.

Car si dans l'intervalle une catastrophe éclate, on ne peut pas dire tant pis pour l'administrateur, il a un péché originel dont il ne s'est pas lavé, il est responsable. Ce ne serait ni équitable, ni pratique. '

Il faut demander évidemment aux hommes ce qui est humainement possible, mais rien de plus.

L'administrateur est aussi actionnaire, il est même généralement intéressé dans la Société à un degré supérieur à la moyenne, à cause du nombre d'actions qu'il doit posséder pour être éligible. Il a donc un intérêt personnel à ne pas se laisser tromper. Si donc il entre dans la Société, c'est qu'il la croit régulière. Pourquoi admettre qu'il sera plus clairvoyant par le fait de sa nomination aux fonctions d'administrateur ?

Et s'il est trompé lui-même, lésé dans ses intérêts personnels, pourquoi lui faire subir, à lui victime, à lui innocent, les conséquences d'un fait *qu'il n'a pas commis, pas même connu,* et le punir pour cela, et par cela même, qu'il ne l'a pas connu ?

C'est odieux et inique, disons le mot, absurde. La loi n'a pas pu vouloir cela et *assimiler la victime* à l'auteur du dol.

Du reste, c'est un principe de notre droit civil et criminel que : « Tout crime, délit ou quasi-délit doit être prouvé » pour entraîner des conséquences pénales ou des réparations civiles.

Nous ne pouvons donc admettre une pareille exception, que rien du reste ne justifie.

Aussi avons-nous la ferme conviction que la jurisprudence, ajoutant une variation nouvelle à celles déjà si nombreuses dont elle a fait preuve, reviendra à une plus saine appréciation de l'article 42, ou que cet article disparaîtra de nos lois comme une honteuse anomalie.

Ajoutons que le seul effet pratique qui soit

résulté de l'inteprétation qu'en a donné la juridiction civile est à noter.

Beaucoup d'hommes sérieux et capables, effrayés d'une responsabilité inouïe, se sont retirés des affaires sérieuses.

Des hommes de paille ou des insolvabilités habilement masquées, n'ayant par conséquent rien à redouter, ont constitué d'innombrables Sociétés véreuses.

De telle sorte que l'article 42, malgré toute la portée qu'on lui donne, se trouve en présence de responsabilités irréalisables qui, pour citer un exemple récent, peuvent représenter 1 million 200,000 francs, et se traduire par une réalisation de 15,000 francs.

Si c'est cela qu'ont voulu nos législateurs, ou si, ne le voulant pas, ils l'ont fait d'une manière inconsciente, qu'on se hâte de rayer de nos codes une disposition aussi draconnienne qu'inefficace.

Mais que dire d'une rédaction qui trahit si bien la pensée de ses auteurs qu'elle donne lieu à une interprétation absolument contraire à leur intention, et, chose bizarre, est consacrée chaque jour, malgré leurs protestations, par la cour suprême !

III

L'article 13 de la loi de 1867 est ainsi conçu :
« Article 13. — L'émission d'actions ou de

coupons d'actions d'une Société constituée contrairement aux prescriptions des articles 1er, 2 et 3 de la présente loi est punie d'une amende de cinq cents à dix mille francs ; — sont punis de la même peine : — le gérant qui commence les opérations sociales avant l'entrée en fonctions du conseil de surveillance ; — ceux qui, en se présentant comme propriétaires d'actions ou de coupons d'actions qui ne leur appartiennent pas, ont créé frauduleusement une majorité factice dans une aasemblée générale, sans préjudice de tous dommages-intérêts, s'il y a lieu, envers la Société ou envers les tiers ; — ceux qui ont remis les actions pour en faire l'usage frauduleux. — Dans les cas prévus par les deux paragraphes précédents, la peine de l'emprisonnement de 15 jours à 6 mois peut, en outre, être prononcée. »

Il donne lieu à deux observations sérieuses.

I. — Le premier point qui frappe dans cet aaticle, c'est la douceur des peines édictées.

Tout d'abord le projet de la commission se contentait de frapper d'amendes les auteurs des manœuvres indiquées.

Après un débat très-vif à la Chambre, on y introduisit le dernier paragraphe permettant de prononcer, outre l'amende de 500 à 10,000 francs, la peine de 15 jours à 6 mois d'emprisonnement.

Suivant nous, ces pénalités, mises en parallèle avec celles du code pénal, ne sont pas assez sévères.

C'est à lui qu'on aurait dû se référer au lieu de compliquer encore l'inextricable classification de nos dispositions pénales, et on aurait évité cette bizarrerie consistant à faire figurer dans une loi sur les Sociétés de commerce des articles de répression réservés avec raison au code spécial des pénalités.

C'est une mauvaise méthode que de placer, suivant les expressions de la commission, *la peine à côté des obligations*.

Il en résulte une confusion déplorable.

Quoi qu'il en soit, il est curieux de rapprocher les termes de l'article 405 du code pénal de l'article 13 de la loi de 1867.

« Article 405. — Quiconque, soit en faisant usage de faux noms ou de fausses qualités, *soit en employant des manœuvres frauduleuses pour persuader l'existence de fausses entreprises*, d'un pouvoir ou d'un crédit imaginaire, *ou pour faire naître l'espérance* ou la crainte *d'un succès*, d'un accident ou de tout autre événement chimérique, *se sera fait remettre* ou délivrer *des fonds*, des meubles ou des obligations, dispositions, billets, promesses, quittances ou décharges, et *aura* par un de ces moyens *escroqué ou tenté d'escroquer* la totalité ou *partie* de la fortune d'autrui, *sera puni d'un emprisonnement* d'un an au moins et de cinq ans au plus, et d'une amende de 50 francs au moins et de 3,000 francs au plus. — *Le coupable pourra, en outre,* être interdit pendant 5 ans au moins et 10 ans au plus, des droits mentionnés en l'article 42. »

En présence d'un article aussi général, pouvant s'appliquer à toutes les manœuvres frauduleuses, nous nous étonnons que les auteurs de la loi de 1867 aient songé à faire une législation pénale particulière.

Ils ont voulu comme toujours réglementer, mais il faut avouer qu'ils n'ont pas été heureux et que leur prétendu perfectionnement laisse tellement à désirer qu'il fait regretter le droit commun.

Comme l'a fait observer avec beaucoup de raison M. Marie à la Chambre des députés, celui qui se rend coupable d'escroquerie en se servant d'un faux nom ou d'une fausse qualité pour s'approprier une partie du bien d'autrui, est puni par l'article 405 du code pénal d'un emprisonnement pouvant s'élever de un à deux ans.

Et les faux actionnaires qui, sous de faux noms, de fausses qualités, compromettent les intérèts, souvent la fortune des vrais actionnaires, ne sont punis que d'une amende qu'ils ne paient pas et qui leur est peu sensible, eu égard à leurs énormes profits, et d'un emprisonnement *facultatif* de quinze jours à six mois.

Il n'y a pas de proportions, car les seconds, bien plus dangereux pour la fortune publique, sont bien plus coupables que les premiers.

Il eût été au moins raisonnable de soumettre les uns et les autres aux pénalités de l'article 405.

On remarquera, du reste, que les premier et deuxième faits déclarés punissables par l'article 13 ne sont que des *contraventions*, tandis que les autres sont des *délits*.

L'article 14 offre aussi la même disposition.

Cependant l'article 16 déclare applicables aux articles 13, 14 et 15 les dispositions de l'article 463 du code pénal.

Et le rapporteur, dans un commentaire de la loi, enseigne que, par suite de cet article 16, tous les faits visés dans les articles 13, 14 et 15 sont des délits, puisque l'application des circonstances atténuantes peut leur être faite.

De telle sorte que, d'après M. Mathieu, l'application de l'article 463, qui ne permet que de modérer la peine, a la vertu singulière de convertir en délit une simple contravention.

Conclusion. — La loi est si claire que son rapporteur lui-même est obligé, pour l'interpréter, de lui faire consacrer des énormités.

II. Un second aspect singulier de l'article 13 est celui-ci :

De nombreuses Sociétés étrangères, ayant leur siége à l'étranger et constituées conformément à la législation de leur pays, ont des succursales en France, y font des émissions de leurs titres, enfin les y·font coter et circuler.

Or, on se demande si la loi de 1867 est applicable à ces Sociétés, très-régulières au point de vue de la loi qui.les régit, mais irrégulières par rapport à notre législation.

MM. Mathieu et Bourguignat n'hésitent pas à répondre très-nettement : *Oui*.

« Les prescriptions (de la loi de 1867), disent-ils, quant à la forme des actions et à leur taux, sont d'ordre public ; il y a là une loi de police qui oblige tout le monde en France, aussi bien les étrangers que les nationaux.

» Il serait par trop commode, en effet, de créer au-delà de nos frontières des Sociétés dont la forme déjouerait toutes les précautions de notre loi, et qui..... inonderaient notre marché de titres contraires à l'article 1ᵉʳ, par exemple, et réaliseraient..... *les duperies* que la législation a voulu prévenir. »

Eh bien ! malgré l'affirmation passionnée de M. Mathieu, un des rapporteurs et des auteurs de la loi, il y a dans ce passage une grosse erreur que la pratique est venue très-sagement et très-heureusement rectifier.

D'abord, il est curieux de voir les mêmes esprits qui refusent aux lois étrangères une autorité quelconque en France, vouloir que la loi française régisse des Sociétés constituées à l'étranger.

Il est bien certain que si des Espagnols constituent une Société dans notre pays, ils devront appliquer la loi de 1867 ; mais comment comprendre que des financiers de Madrid, fondant une Société à Madrid, doivent se soumettre à la loi française, s'ils veulent placer des actions en France.

Les lois étrangères ne consacrent et ne facilitent pas plus les duperies que la loi de 1867. Elles ont des peines très-sévères en cas de fraude, et si elles n'ont pas une efficacité absolue, elles n'ont pas assisté impuissantes, comme celle-ci, aux effrayants désastres financiers que nous avons éprouvés, et que l'Europe n'a jamais songé à nous envier.

Le seul résultat pratique de l'opinion enseignée par MM Mathieu et Bourguignat serait de fermer le marché français aux valeurs étrangères, et d'empêcher en même temps nos titres d'avoir droit de cité aux bourses européennes.

Or, un pareil résultat eût été aussi absurde que déplorable.

Car, éloigner de nos centres financiers des valeurs sérieuses qui les alimentent et augmentent leur activité, n'aurait pas eu seulement pour résultat la réciprocité dans les mesures prohibitives, de la part de l'étranger, mais bien plus, le fisc aurait perdu les droits énormes qu'il perçoit pour droits d'enregistrement, de timbre, de transmission ou impôts sur le revenu.

Notre budget aurait éprouvé une diminution de recettes sensible, et nos valeurs, cantonnées comme des parias dans leur pays d'origine, n'auraient plus eu le concours des capitaux du monde entier.

Le commentateur, auteur de la loi de 1867, n'a évidemment pas entrevu ce côté de la question.

Plus clairvoyante, la loi du 30 mars 1872, sans tenir compte de son interprétation, est venue avec juste raison placer définitivement sur le même rang, au point de vue de la circulation en France, les actions des Sociétés françaises et les titres des Sociétés étrangères régulièrement constituées au point de vue de leur loi nationale.

Mais nous ne pouvons nous empêcher de le répéter de nouveau ; quelle singulière loi que celle qui, à chaque instant, est en contradiction avec la pensée et l'intention de ceux qui l'ont rédigée !

§ 5

La Loi du 24 juillet 1867 est en désaccord complet avec les besoins et les progrès de notre époque.

—

Aujourd'hui que la fortune publique tend à se fractionner à l'infini, que d'un autre côté les entreprises les plus gigantesques se font couramment, il est constant que les fonds nécessaires à leur exécution ne peuvent s'obtenir qu'avec le concours de toutes les bourses.

Lors donc qu'on veut constituer une Société avec un capital important, il faut faire appel à tous, s'adresser à une multitude de capitalistes disposant individuellement de faibles ressources mais qui, groupés, représentent des millions.

Plus le montant de la somme à verser est faible, plus les souscripteurs abondent.

Peu importe la minimité de la souscription, c'est le multiple qu'il faut considérer.

Ainsi, le sou pour le rachat des petits Chinois a produit des millions; les centimes additionnels gonflent chaque année le budget dans des proportions énormes.

C'est pour cela que la plus grande latitude doit être laissée à toutes les associations de capitaux pour former à leur guise le pacte social, et qu'il faut absolument, en ces matières, revenir au grand principe de la *liberté des conven-*

tions, devant lequel toutes les législations se sont inclinées.

Qu'on ait pu croire, au moment de la rédaction de notre code de commerce, qu'il était nécessaire d'appliquer le système protectionniste, tant aimé en France, aux Sociétés naissantes, à cause de l'inexpérience des capitaux, cela se comprend.

Mais, aujourd'hui, tout a changé ; les capitalistes sont habitués aux diverses formes des Sociétés ; ils en connaissent très-bien le fonctionnement. Leur éducation sur ce point est faite et bien faite, elle leur a coûté assez cher pour cela.

Ils n'ont plus besoin de protections spéciales ; le droit commun, avec ses pénalités, leur suffit.

Vouloir réglementer les Sociétés, c'est tenter l'impossible et arriver à gêner là où l'on veut protéger.

Quel besoin du reste de réglementation !

Aujourd'hui que l'instruction est devenue la règle générale ne devant bientôt plus comporter d'exception, chacun sait ce qu'il fait.

On en est partout à la suppression des entraves, à la revendication de toutes les libertés. On demande pour le commerce et l'industrie la suppression des frontières ; pourquoi créer des obstacles à la volonté et à l'accord des associés ?

Dans la vie commerciale et industrielle comme dans la vie civile, chacun fait ce qu'il veut de son argent, le prête ou l'engage aux conditions qu'il lui plaît, en toute liberté, sous la protection des lois pénales de droit commun.

Quoi qu'en aient dit, en 1867, MM. les commissaires, l'actionnaire n'est pas aussi *insouciant* ni aussi ignorant qu'on veut bien le dire pour les besoins de la cause. Il ne s'expose aux *périls* et ne donne dans les piéges qu'à bon escient.

Il cherche *son intérêt avant tout;* sans doute quand il perd il se fâche tout haut et, dans sa colère, accuse les administrateurs, les statuts sociaux, la loi, de ses mécomptes, mais, en somme et au fond, il sait très-bien ce qu'il fait.

Il faut donc lui retirer ses lisières qui, du reste, ne l'ont jamais empêché de tomber, et le laisser marcher tout seul, car il sait où il veut aller.

S'il est déçu dans ses espérances, tant pis pour lui; il a couru des chances doubles.

S'il est trompé, le code civil, avec ses articles sur la responsabilité, est là pour le faire rentrer dans ses pertes.

S'il a été volé, le code pénal lui offre son arsenal de moyens de répression.

Tout cela nous semble suffisant, et nous demandons avec la plus grande confiance que l'expérience en soit faite.

Les lois d'exception dont fourmillent nos

codes ne sont pas durables et sont rarement bonnes.

Comme l'accident auquel elles s'appliquent, elles sont fatalement éphémères.

Quelquefois on les oublie, et c'est ce qui peut arriver de plus heureux ; mais lorsqu'on veut les généraliser, on les expose à une fin violente.

La loi du 24 juillet 1867, malgré les longs et nombreux rapports qui l'ont précédé et la discussion à laquelle elle a donné lieu, est dans ces conditions.

Les auteurs eux-mêmes ont reconnu qu'elle était tellement imparfaite qu'elle exigeait une révision urgente.

Son caractère dominant est la répression.

C'est, avant tout, une loi *prohibitive*.

Elle *défend* surtout de faire, et elle punit quand on transgresse ses prescriptions.

On dirait que le but que se proposaient ses rédacteurs étaient d'être gênants.

S'ils l'ont visé, ils l'ont atteint d'une façon des plus remarquables. Il est difficile d'embarrasser davantage le chemin.

La loi de 1867 est tout à la fois un impédiment et un anachronisme.

CHAPITRE III

Système de la Commission de 1865.
Projet de Loi E. Ollivier.

—

Dès 1865, les jurisconsultes et les théoriciens qui faisaient partie de la commission nommée pour étudier les associations coopératives et ouvrières, avaient proposé un système de loi sur les Sociétés qui, s'appuyant sur le principe de la *liberté des conventions*, avait une grande simplicité.

Il appliquait tout simplement aux Sociétés commerciales le principe de liberté laissé aux associations conjugales par l'article 1387 du code civil, ainsi conçu :

« *La loi ne régit l'association conjugale, quant aux biens, qu'à défaut de conventions spéciales que les époux* PEUVENT FAIRE COMME ILS LE JUGENT A PROPOS, *pourvu qu'elles ne soient pas contraires aux bonnes mœurs....* »

Il consistait donc à laisser aux parties la liberté de faire tout ce qui leur plaisait, et à ne faire intervenir la loi qu'à défaut de conventions spéciales.

En d'autres termes, les associés pouvaient choisir le genre d'associations qui leur convenait, comme les époux sont libres d'adopter le régime qui leur plaît.

La loi n'avait donc qu'à tracer les règles des diverses formes de Sociétés comme elle l'a fait pour les divers régimes des contrats matrimoniaux, et à dire aux parties :

« *Vous ferez tout ce que vous voudrez.* Vous choisirez le type de contrat qui vous ira le mieux, vous pourrez le modifier, le mélanger en le combinant même avec d'autres à votre guise. *Vous êtes libre,* ce n'est que si vous vous mettez en Société sans choisir une forme d'acte, que les règles que je trace vous seront applicables. »

L'analogie entre le contrat de mariage et le contrat de Société est frappante, au point de vue des intérêts matériels.

L'un comme l'autre régissent une *association*.

L'un et l'autre intéressent au plus haut point la Société tout entière.

Enfin, tous deux touchent également à l'intérêt des tiers.

Ce qui est avantageux et sans inconvénients pour les conventions matrimoniales ne saurait être un danger pour les contrats de Société.

Malheureusement, le gouvernement repoussa ce système, cependant si logique.

Mais M. E. Ollivier le reprit deux ans plus tard, car le projet de loi qu'il déposa sous forme d'amendement le 27 mai 1867 n'en est que la reproduction.

Ce projet, quoiqu'ayant l'incontestable mérite de la simplicité et de la clarté, et atteignant directement le but proposé, fut repoussé deux fois par la commission.

Nous le reproduisons plus loin (voir à l'appendice).

Composé de 9 articles, il commence par voie de conséquence par abroger :

La loi du 17 juillet 1856,

La loi du 23 mai 1863,

Et tous les articles du code de commerce sur les Sociétés.

Plus logique que la loi de 1867, il s'applique à toutes les Sociétés ; par son abrogation de la législation antérieure il évite des mélanges et des chevauchements dangereux d'articles nouveaux avec des articles anciens, enfin il s'appuie sur le principe de la liberté des conventions proposé comme base de la législation à faire, par la commission de 1865.

Malgré toutes ces excellentes raisons présentées à la Chambre les 28 et 29 mai 1867, le projet nouveau fut repoussé.

Les réponses faites par les commissions de 1865 et de 1867 sont aussi spécieuses que puériles.

« En adoptant un pareil système, dit le rapport, dans les Sociétés par actions, le législateur livrerait les tiers et le public sans aucune espèce de garantie ni de sécurité aux *périls* et aux *piéges* des conventions statutaires et des prospectus. La publicité sera impuissante ici. Il faut tenir compte des faits, des habitudes et de l'*insouciance* des hommes. Les actionnaires souscrivent sans prendre connaissance des statuts et conventions ; et du pacte social, ils ne connaissent qu'une chose : le *bulletin de souscription*. »

On le voit, c'est toujours le même faux point de départ.

Les capitaux sont *mineurs, incapables*, de là un système de protection à outrance qui, malheureusement, n'empêche et ne protége rien.

Autant de mots, autant de sophismes, dont chaque jour démontre la fausseté.

Le 29 mai 1867, M. de Forcade, ministre du commerce, en combattant le projet Ollivier, tomba dans les mêmes errements, et il arriva à ce raisonnement formidable :

« Que, si c'est un *principe* de notre législation que les conventions sont la loi des parties,

» *Ce n'est qu'une déclaration de principe qu'il est nécessaire de limiter.* »

Ce qui revient à dire : que le principe étant posé, il faut l'appliquer le moins possible, et même n'en tenir aucun compte.

N'est-il pas étrange de constater que c'est

sous de pareils arguments que succomba l'amendement si rationnel de M. E. Ollivier, dont le grand avantage eût été de nous éviter la loi de 1867.

L'explication se trouve dans ce fait que ce sont les mêmes législateurs qui, ayant repoussé le projet Ollivier, ont fait la loi du 24 juillet 1867.

CHAPITRE IV

<hr>

Modifications proposées à la loi de 1867. Projet de Loi complémentaire en trente-neuf articles, de M. Vavasseur.

<hr>

Les inconvénients et les défauts que nous signalons sont tellement évidents que les auteurs eux-mêmes de la loi ont reconnu qu'elle était très-critiquable sur un grand nombre de points.

Certains esprits conciliants, reculant devant une mesure radicale telle que l'abrogation de la loi de 1867, ont cherché un terme moyen.

Ils ont proposé des réformes partielles et complémentaires destinées à étayer un édifice qui craque de toutes parts.

M. Vavasseur, notamment, a tenté cette œuvre de rénovation, sorte de renaissance destinée à donner une existence éphémère à l'œuvre manquée des législateurs de 1867.

Il l'a même formulé dans un projet de loi en 39 articles, que nous donnons plus loin (1) en

<hr>

(1) Voir à l'appendice.

déclarant que faisant partie de la commission chargée par M. Dufaure, en 1875, de rechercher les améliorations que peut recevoir la loi de 1867 sur les Sociétés, et d'en faire l'objet d'un projet de loi qui serait soumis à l'Assemblée nationale, il s'est pénétré de l'ensemble des idées de ses collègues, tout en conservant personnellement la responsabilité de son projet.

Suivant lui, des réformes importantes doivent avoir lieu sur les trois points suivants :

I. Versement du capital souscrit;

II. Composition des assemblées générales;

III. Émission des obligations et droits des obligations.

I

1° Sur la première question, M. Vavasseur veut que le capital souscrit soit entièrement versé. Après lui, M. Breulier a demandé que le quart, actuellement émis sur chaque action souscrite, soit élevé à une plus large proportion, et que cette fraction de capital versé soit indiquée plus nettement au public, c'est-à-dire aux tiers qui traitent avec la Société.

M. Vavasseur est assurément une autorité en matière de Sociétés; mais, est-ce qu'en restant dans les sphères élevées de la théorie, il ne perd pas de vue la pratique?

Croit-il que le versement de la totalité du capital souscrit, ou d'une fraction supérieure au quart actuellement exigé par la loi, comme il le demande, changera quoi que ce soit à la situation des Sociétés vis-à-vis des tiers ?

Quand on traite avec une Société, n'est-il pas d'une facilité extrême de savoir le *quantum* des versements opérés sur ses titres ?

C'est le quart, s'ils ne sont pas négociables ; la moitié au moins s'ils le sont, mais tout cela est indiqué, connu, publié partout.

Et qu'est-ce que cela prouve ?

Telle Société dont le capital est versé entièrement est absolument ruinée ou à la veille de la liquidation et de la faillite.

Telle autre, au contraire, dont les trois quarts du capital ne sont pas encore encaissés, est dans une situation prospère et s'enrichit chaque jour.

Pourquoi forcer une Société, qui peut atteindre son but avec le quart de son capital et donne à ses actionnaires de magnifiques dividendes, à demander les autres trois quarts qui lui sont inutiles ?

Tout cela n'est pas pratique et n'offre que des inconvénients.

Ce qu'il faudrait exiger, c'est la publication annuelle de bilans *exacts*, *clairs* et *lisibles* pour tous les intéressés.

Or, la loi, sur ce point, a cherché midi à quatorze heures.

Au lieu d'édicter des pénalités spéciales, elle n'avait qu'à assimiler les administrations des

Sociétés commerciales à des commerçants, et à leur appliquer la loi en matière de faillite simple ou frauduleuse et de banqueroute.

Un article aurait suffi pour cela, et certainement il aurait évité plus d'abus et de fraudes que ne pourront le faire toutes les lois spéciales présentes et futures.

2°. La seconde réforme sur la question du capital, demandée par M. Vavasseur, ne nous paraît pas beaucoup plus heureuse que la première.

Examinons-la.

Comme le capital d'une Société ne consiste pas toujours en une somme d'argent, qu'il est très-souvent apporté en nature, comme par exemple : une usine, une clientèle, une invention, il arrive souvent qu'on en exagère la valeur au grand péril des bailleurs de fonds, prêteurs ou actionnaires.

Aussi la loi de 1867, se modelant sur la législation antérieure, a-t-elle pris des précautions sérieuses pour empêcher la fraude, dans les limites du moins de la possibilité humaine.

Elle exige que quand un apport a lieu en nature, c'est-à-dire autrement qu'en argent, la première assemblée générale nomme des commissaires chargés de vérifier l'existence, l'importance et la valeur de l'apport, et d'en dresser un rapport écrit qui est déposé et lu à une deuxième assemblée générale, laquelle alors, statue définitivement sur l'acceptation ou le refus du prix auquel a été fixé l'apport.

Ces deux assemblées, il faut le constater, sont *uniquement* composées des actionnaires apportant le capital *en argent*.

Ce système, dit-on, est insuffisant.

Nous ne pouvons l'admettre. Personne n'est plus intéressé que les actionnaires qui versent leurs espèces dans la caisse sociale à vérifier sérieusement la valeur de l'apport en nature, qui en constitue la contre-partie. Ils ont un délai suffisant pour prendre des informations; les commissaires nommés, et dont la responsabilité est engagée, offrent une garantie de plus; enfin la discussion qui a lieu, sur leur rapport, à la deuxième assemblée générale, éclaire habituellement tous les points restés obscurs.

Nous ne voyons pas ce qu'on peut trouver de mieux que cet examen de l'apport par les capitalistes qui en doivent verser le prix. Nous ne disons pas que le système de la loi de 1867 supprime la fraude, elle est malheureusement éternelle; mais nous croyons qu'elle l'empêche autant que possible et qu'il n'y a pas autre chose à faire.

Quant au moyen proposé par M. Vavasseur, et qui vise surtout le cas où une Société se forme entre associés, faisant tous des apports en nature seulement, il n'ajoute rien aux garanties actuelles, mais apporterait, s'il était adopté, des obstacles presque insurmontables.

M. Vavasseur voudrait que, dans le cas où les associés font tous des apports autrement qu'en argent, il fût fait préalablement à toute émission d'actions, à la chambre ou au tribunal de commerce, une déclaration : 1° des apports ; 2° de leur valeur ; 3° des conditions de leur cession à la Société ; et un dépôt de toutes les justifications à l'appui.

La chambre de commerce, ou le tribunal, aurait un mois pour s'opposer à l'émission, en cas de fraude ou de soupçon de fraude.

Et cette opposition, ajoute l'auteur du projet, devrait être motivée et resterait toujours soumise à la sanction judiciaire ou administrative.

On voit d'ici le dédale.

Certes, les intentions de M. Vavasseur sont excellentes ; il veut empêcher que les tiers soient trompés par une apparence mensongère, une fortune simulée de la Société en formation.

Mais est-ce qu'il l'empêchera jamais avec le moyen indiqué ?

Si trois, quatre, cinq associés sont assez habiles pour se tromper eux-mêmes les uns les autres, ou assez malhonnêtes pour s'entendre afin de tromper le public, ne tromperont-ils pas bien plus facilement la chambre de commerce ou les juges consulaires, sans intérêt direct dans l'affaire, et fort empêchés pour se procurer des renseignements ?

Quant à la déclaration, elle importera fort peu aux associés. Ils auront toujours pour excuse qu'ils ont pu se tromper dans leur évaluation.

Évidemment on ne pourra pas punir la bonne foi, et il sera impossible d'atteindre la fraude, dans ce cas. De plus, les justifications seront impossibles ou ne seront pas sérieuses.

Pour les immeubles, les usines, on demandera les contrats d'achats ; que prouveront-ils ? la valeur au moment de l'achat, mais non la valeur relative de l'apport en vue de l'objet social et des moyens nouveaux qui sont apportés.

Un terrain sans valeur peut être estimé très-haut si on se propose d'y exploiter une mine ou une carrière nouvellement découverte.

Un brevet d'invention qui coûte cent francs peut rapporter des millions et se vendre mille francs, tandis que tel autre, cédé pour un million, ne donnera que des regrets à la Société qui voudra l'exploiter.

Nous ne voyons donc pas quel effet utile peut avoir la nouvelle déclaration demandée aux associés et l'action possible des chambres de commerce.

Mais ce que nous constatons nettement, c'est qu'un pareil régime entraînerait des lenteurs et des complications absolument contraires aux principes commerciaux, et serait d'une difficulté pratique inimaginable.

II

COMPOSITION DES ASSEMBLÉES GÉNÉRALES DES ACTIONNAIRES.

3. — Les mesures que recommande particulièrement M. Vavasseur sur ce point sont les suivantes :

A. — Droit pour tout actionnaire, ne fût-il porteur que *d'une action*, d'assister et de voter aux assemblées ; dans aucun cas, un actionnaire, quel que soit le nombre des titres qu'il possède, ne pouvant avoir plus de dix voix ;

B. — Droit de vote limité à ceux qui sont en possession *justifiée* de leurs actions *depuis plusieurs mois* au moins ;

C. — Faculté pour tout groupe d'actionnaires, possédant au moins le vingtième du capital social, d'exiger, séance tenante, la prorogation d'une assemblée et la reprise d'une délibération à quinzaine ;

D. — Droit pour l'assemblée générale de modifier la durée de la Société, d'augmenter le capital, de créer des actions privilégiées, c'est-à-dire de modifier le pacte social, en respectant toutefois *l'objet essentiel* de la Société.

A. — Nous n'avons aucune observation à faire sur la première mesure. Cette sorte de *suffrage universel* demandé pour tous les actionnaires nous paraît logique ; seulement l'exercice de ce droit sera certainement paralysé par les difficultés qu'il rencontrera dans la pratique.

Voit-on le porteur d'une action obligé d'aller :

Déposer son titre au siége social avant l'assemblée ;

Assister à l'assemblée, qui peut être prorogée ; .

Et enfin retirer son titre après l'assemblée.

Tous les dividendes seraient absorbés par les frais de courses et les pertes de temps.

B. — La seconde mesure nous paraît absolument injuste.

En quoi le possesseur d'une action depuis plusieurs mois est-il plus intéressant que le possesseur depuis plusieurs jours ?

Pourquoi accorder le droit de vote au premier et le refuser au second ?,

C'est de l'arbitraire !

Nous sentons bien que le but de M. Vavasseur est d'éviter la fraude, qui consiste à acheter des titres peu de temps avant les assemblées, pour avoir une majorité factice, et à les revendre aussitôt après.

Mais encore une fois, il ne faut pas seulement s'occuper de la fraude, qui est l'accident, et que, du reste, on n'empêchera jamais, il faut voir les droits des actionnaires sérieux.

L'actionnaire de la veille ne doit pas avoir de préférence sur celui du lendemain ; tous deux ont également versé leurs fonds, tous deux doivent avoir le droit de suivre les affaires sociales, par conséquent d'assister aux assemblées et de voter.

Il faut donc appliquer le suffrage universel sans restriction et poser ce principe que :

Tout actionnaire a droit d'assistance et de vote aux assemblées.

L'exercera qui voudra.

Seulement pour faciliter cet exercice, nous voudrions qu'il fût permis de déposer ses titres jusqu'au dernier moment, c'est-à-dire quatre heures au plus tard avant la tenue de l'assemblée, et nous sommes certains qu'on arrivera à cette réforme avant peu.

C. — La faculté demandée pour tout groupe d'actionnaires représentant le vingtième du capital social d'exiger la prorogation de l'assemblée, nous paraît trop générale.

Pourquoi ne pas dire tout simplement que les assemblées générales resteront dans le droit commun et pourront, quand elles le jugeront à propos, à la majorité des voix, selon les usages de toutes les assemblées, se proroger à huitaine, à quinzaine, au mois, quand il leur plaira. Car vraiment, toutes ces réglementations sont puériles et semblent dire aux actionnaires : vous êtes des enfants incapables de vous garder vous-mêmes, il faut que la loi ait le soin de tout prévoir, de tout faire d'avance, de vous tenir constamment en lisière.

Il est temps d'en finir avec ces préjugés d'un autre âge, indignes de nous et de notre époque.

Encore une fois, les capitaux sont majeurs, traitez-les en majeurs, et laissez-leur toute liberté.

D. — Aussi sommes-nous d'accord avec M. Vavasseur, lorsqu'il demande pour l'assemblée générale le droit de modifier les statuts sociaux sur certains points, sauf sur l'objet essentiel de la Société ; nous ferons du reste remarquer que les statuts de presque toutes les Sociétés donnent ce droit à l'assemblée générale extraordinaire.

Mais nous allons plus loin que lui, et nous voudrions que l'assemblée générale eût sur ce point toutes les facultés possibles. Nous n'admettons qu'une limite : *les droits des tiers*.

Mais, nous dira-t-on, vous formez une Société pour l'exploitation d'une mine, par exemple, vous voulez qu'elle puisse se transformer en Compagnie de navigation ?

Nous répondons nettement : pourquoi pas, si les actionnaires le désirent et si cela ne porte aucune atteinte aux droits des créanciers.

Est-ce que tous les jours on ne voit pas des

individus changer de genre de commerce, d'industrie, de profession? Quel inconvénient en résulte-t-il?

La Société, tout être de raison qu'elle est, n'est en somme composée que d'une collectivité d'individus.

Pourquoi cent, mille personnes ne peuvent-elles pas faire ce que peuvent faire un, deux, trois individus?

Il y a, suivant nous, une chose devant laquelle il faut toujours s'incliner : *c'est la majorité des intéressés.*

III

DES OBLIGATAIRES.

D'après M. Vavasseur, la loi n'a pas songé à protéger les obligataires, il demande donc pour eux :

1° Qu'aucune émission d'obligations ne puisse avoir lieu *avant libération* complète des actions;

2° Que toute émission d'obligations soit ratifiée *par une assemblée des souscripteurs ;*

3° Qu'un ou plusieurs commissaires soient nommés par l'assemblée des obligataires, ou le président du tribunal de commerce : pour vérifier l'*emploi des fonds* prêtés ;

4° Qu'un droit de préférence soit donné aux premiers obligataires, par ordre de dates d'émissions, tant pour les intérêts que pour le principal.

Dussions - nous être accusé de parti pris, nous trouvons ces prétendues réformes absolument puériles.

Voyons la première.

1° Nous avons dans nos codes un principe qui, suivant nous, en dit plus long en ces matières que tous les projets mis en avant.

Il est ainsi conçu :

Article 1134. « Les conventions légalement formées tiennent lieu de loi à ceux qui les ont faites. »

Ne suffit-il pas à régler les rapports entre les actionnaires, *associés*, versant le fond social à leurs risques et périls, et les obligataires, *simples prêteurs ?*

Nous croyons que si.

Laissons-donc les deux parties débattre et faire toutes les conventions qui leur paraîtront acceptables, et n'essayons pas une réglementation spéciale absolument impossible.

S'il plaît aux capitalistes de souscrire des obligations avant ou après la libération complète des actions, laissez-les donc faire. Ils cherchent avant tout leur intérêt ; fiez-vous à eux pour le sauvegarder.

2° La demande de ratification de toute émission d'obligations par les souscripteurs est vraiment naïve.

Comment et pourquoi ceux qui ont souscrit ne ratifieraient-ils pas l'*engagement* qu'ils ont pris ?

Et quelle garantie peut-on voir dans cette confirmation de la souscription *par les souscripteurs eux-mêmes ?*

Profond mystère que nous avouons n'avoir pu éclaircir.

3° Quant au droit demandé pour les obligataires, de faire vérifier l'emploi des fonds prêtés, nous le repoussons comme absolument impraticable.

Les obligataires, encore une fois, ne sont que des *prêteurs*. Ils n'ont rien à voir à l'administration de la Société.

Celle-ci leur emprunte des fonds dont elle *fait ce qu'elle veut*.

Depuis quand le créancier a-t-il le droit de s'occuper de l'emploi de l'argent prêté ?

Il prête parce qu'il a confiance dans la solvabilité du débiteur, qu'il est assuré du paiement des intérêts et du remboursement à l'échéance. Son rôle se borne là.

Le jour où les obligataires, directement ou par délégués, pourraient contrôler et, par conséquence forcée, s'opposer aux décisions des actionnaires, le fonctionnement de la Société serait arrêté *ipso facto*.

Sous prétexte de défendre leurs intérêts, ils empêcheraient tout ce qui présenterait un aléa quelconque, dans la crainte de diminuer leurs garanties.

Plus d'opérations offrant des chances de gain, mais aussi des risques de pertes, partant plus de dividende et suppression de la vie sociale.

Cela serait fort indifférent, sans doute, aux obligataires étrangers aux bénéfices et assurés du remboursement de leur capital, mais ce serait la ruine des actionnaires.

Ceux-ci, en définitive, courant tous les dangers, exposant leurs capitaux composant le fond social, doivent seuls gérer et administrer à leur guise.

4° Enfin le droit de préférence par suite d'antériorité pour les diverses séries d'obligations, ne nous paraît pas devoir faire l'objet d'une législation particulière.

Il faut encore une fois laisser, sur ce point, toute liberté aux contractants.

A eux de savoir ce qu'ils veulent et d'en faire l'objet de conventions particulières.

IV

Aux critiques de détail qui précèdent, nous n'ajouterons qu'un mot au point de vue général.

La loi de 1867 est surchargée de réglementations inutiles et d'une application difficile. Le projet de M. Vavasseur la complique de trente-neuf nouveaux articles, qui ne sont que l'aggravation de tous les défauts que nous avons signalés.

A une législation déjà trop longue, minutieuse à l'excès, il ajoute de nouvelles dispositions gênantes ou puériles.

C'est dire combien son projet nous paraît inacceptable.

Il ne constitue, à notre avis, que l'*exagération* de la loi de 1867, avec de nouveaux défauts en plus.

Aussi, si comme l'a déclaré son auteur, ce projet, sans émaner de la commission nommée en 1875, est inspiré par ses idées, nous déclarons ne pas regretter que les hommes qui la composaient aient dû, après plusieurs séances, *ajourner, sinon clore* leur œuvre interrompue.

En résumé, de toutes les propositions de réforme qui précèdent, nous retirons cette conviction que le but proposé ne peut être atteint que si on laisse la liberté la plus absolue aux associations, et nous constatons avec regret que nous sommes, en France, sur ce point, très en retard même sur la routinière Espagne qui, dès 1869, a autorisé par une loi spéciale la formation des *Sociétés libres*.

CONCLUSION

Il est peu de matières qui aient donné lieu à autant de lois que les Sociétés.

Il est vrai que l'association est aussi ancienne que le monde, car elle est la conséquence naturelle de la faiblesse individuelle et l'origine de toutes les nations.

Aussi l'histoire nous apprend-elle qu'à toutes les époques, chez tous les peuples, des individus ont associé leur travail, leurs capitaux, leurs efforts. De là le contrat appelé Société.

Les Romains en avaient fait l'objet d'une législation spéciale.

En France, il était pratiqué dès le moyen âge sous le nom de *Sociétés taisibles*, c'est-à-dire *sans écrit* et *sans publicité*.

Depuis les ordonnances de Blois de 1509 et de 1629, prescrivant la publicité et l'enregistrement des actes d'association, les Sociétés ont donné lieu successivement aux :

Ordonnance de Moulins, de 1566, exigeant la *preuve écrite* pour tous les contrats dont l'objet était d'une valeur supérieure à cent francs ;

Ordonnance de 1673, dont le titre 4 établit les règles des contrats de Société en nom collectif et en commandite ;

Décret du 27 août 1792, soumettant à l'enregistrement les actions de la Compagnie des Indes ;

Décrets des 24 août 1793, 29 fructidor an II, et 29 ventôse an III, supprimant les caisses d'escompte des Compagnies d'assurances sur la vie humaine et généralement toutes celles dont le capital reposait sur des actions au porteur ;

Décret du 17 vendémiaire an II, supprimant toutes les Compagnies financières ;

Décret du 26 germinal an II, relatif au même objet ;

Loi du 30 brumaire an IV, abrogeant le décret précédent et remettant en vigueur la législation antérieure sur les Sociétés ;

Arrêté du 2 prairial an XI ;

Titre 9, articles 1832 à 1873 du code civil, promulgué en 1804 ;

Titre 3 du livre 1er du code de commerce publié le 10 septembre 1807 ;

Règlement du 21 décembre 1807 ;

Avis du conseil d'État de 1809 ;

Décret du 12 février 1814, sur la publicité des actes de commerce ;

Loi du 31 mai 1833 le reproduisant ;

Loi du 11 juillet 1845 ;

Loi du 6 janvier 1849 ;

Loi du 5 juin 1850 sur les droits de timbre à appliquer aux actions des Sociétés ;

Loi du 10 juin 1853 ;

Loi du 17 juillet 1856, relative aux constitutions des Sociétés en commandite ;

Loi du même jour supprimant l'arbitrage forcé pour les contestations entre associés ;

Loi du 30 mai 1857, autorisant les Sociétés Belges à exercer leurs droits en France ;

Loi du 23 juin 1857 établissant des droits de transmission pour les titres des Sociétés ;

Decret du 17 juillet 1857 sur le timbre ;

Décret du 22 mai 1858 ;

Loi du 6 mai 1863, modifiant les articles 27 et 28 du code de commerce ;

Loi du 23 mai 1863 sur les Sociétés à responsabilité limitée ;

Décret du 9 août 1864, sur l'expertise des apports sociaux ;

Décret du 11 décembre 1864, relatif aux droits de transmission sur les titres des Sociétés étrangères ;

Loi du 24 juillet 1867, sur les Sociétés ;

Décret du 22 janvier 1868, sur la constitution des Sociétés d'assurances ;

Décret du 28 mars 1868 sur les titres des Sociétés étrangères ;

Loi du 23 août 1871, imposant un deuxième décime ;

Loi du 16 septembre 1871, sur les droits de transmission sur les titres ;

Loi du 28 février 1872, concernant les droits d'enregistrement pour les actes de Sociétés ;

Loi du 30 mars 1872, relative aux droits de timbre et de transmission ;

Décret du 10 avril 1872 ;

Loi du 24 mai 1872, relative aux titres étrangers ;

Lois du 29 juin 1872, établissant un impôt de 3 0/0, et concernant les titres adhirés ;

Décret du 6 décembre 1872 ;

Loi du 21 juin 1875, sur les lots et primes de remboursement ;

Loi du 1er décembre 1875 sur l'application de la loi du 29 juin 1872 ;

Loi du 14 décembre 1875 ;

Décret du 15 décembre 1875, réglant l'exécution de la loi du 1er dcembre 1875 ;

Loi du 30 décembre 1876, sur le timbre des contrats d'assurance, ayant pour objet des biens situés à l'étranger.

De cette législation, aussi compliquée que variable, il n'y a que les articles du code civil et quelques autres du code de commerce qui aient survécu.

Tant il est vrai qu'il est impossible d'échapper aux prescriptions du droit commun, et que vouloir s'écarter de ses principes, c'est chercher à résoudre un problème insoluble.

La dernière tentative des législateurs de 1867 démontre jusqu'à l'évidence cette vérité.

Il ne faut pas faire des Sociétés une espèce

de contrats d'une nature extraordinaire nécessitant un code complet et particulier.

Il faut voir ce qu'elles sont : des contrats synallagmatiques entre majeurs, comportant un plus grand nombre de parties, et portant sur des valeurs plus considérables que les contrats ordinaires, mais rien de plus.

Toutes les dispositions générales de nos codes doivent donc leur être appliquées, et il est aussi inutile que dangereux de chercher à les y soustraire.

C'est là le grand reproche qu'on doit adresser à la loi de 1867.

Non-seulement elle a voulu faire du titre concernant les Sociétés une législation à part, une nouvelle loi dans nos lois, mais encore elle a divisé les diverses Sociétés en familles, puis, leur prêtant des caractères opposés et tout à fait individuels, elle a donné à chacune d'elles une réglementation spéciale, qu'elle a cherché à faire complète, et qui n'a été qu'impuissante.

Il est résulté de l'ensemble de cette prétendue classification un véritable chaos.

Nous avons essayé d'en montrer les dangers.

De l'étude qui précède, nous retirons la conviction profonde qu'en matière de Société comme en toute autre, plus on veut spécialiser plus on ignore que les lois claires, simples et courtes sont les meilleures, et qu'après avoir défini la nature d'un contrat, indiqué la forme dont il doit être revêtu, il n'y a qu'à le laisser soumis aux règles générales ordinaires.

Il faut conclure du grand nombre de lois faites depuis moins d'un siècle notamment, et tombées en désuétude comme des expériences malheureuses, que la solution de la question n'est pas où l'on a cherché.

Les actes de Société sont des contrats ordinaires devant être, comme les autres, absolument soumis au droit commun, et par conséquent ne nécessitant pas une législation particulière.

C'est en voulant sortir de cette vérité que la loi de 1867 est tombée dans les fâcheux inconvénients que nous avons signalés.

Il faut, si l'on veut une réforme radicale mais efficace, revenir au droit commun, appliquer franchement le principe de la liberté des conventions, mettre en pratique la maxime de notre droit : « *Les conventions légalement formées sont la loi des parties.* »

Par conséquent, il faut abroger toutes les lois sur la matière, à l'exception du titre IX du code civil, et poser ce principe que :

« *La loi reconnaît toutes les Sociétés com-*
» *merciales ; mais elles ne pourront être op-*
» *posées aux tiers que si elles sont formées*
» *par des actes publics et publiés de ma-*
» *nière à ce que tous les intéressés puissent*
» *en prendre facilement connaissance.* »

De cette façon il n'y aurait plus que deux espèces de Sociétés :

1° Les Sociétés civiles ;

2° Les Sociétés commerciales ;

1. — Les premières se subdivisant en : *Sociétés universelles*, dans lesquelles les parties mettent en commun tous leurs biens présents et les produits qu'elles pourront en tirer (art. 1837 du code civil), ou tout ce qu'elles pourront acquérir par leur industrie, à quelque titre que ce soit, pendant la durée de la Société, chacun conservant ses immeubles personnels (art. 1838 du code civil), et en *Sociétés particulières*, c'est-à-dire ne s'appliquant qu'à certaines choses déterminées ;

2. — Les secondes comportant trois groupes :

Celui des *Sociétés de personnes*, dans lesquelles les associés s'engageraient sur *tous leurs biens*. (Sociétés en nom collectif.)

Celui des *Sociétés de capitaux*, où les actionnaires limiteraient leurs obligations à *une somme déterminée*, de façon à laisser sauve l'autre partie de leur fortune. (Sociétés anonymes.)

Enfin, les *Sociétés mixtes*, formées entre *personnes engagées sur tous leurs biens*, et *commanditaires*, ou *actionnaires* tenus seulement du paiement d'une certaine somme. (Sociétés en commandite.)

Toutes ces divisions purement théoriques,

7

ne faisant d'ailleurs que constater les divers modes que peut prendre le contrat de Société, mais n'entraînant aucune dérogation au droit ordinaire.

Il résultera de ce régime une liberté complète.

Les Sociétés devenues libres pourront se créer dans la forme la plus convenable pour atteindre le but proposé.

Elles pourront donc se constituer en Société en participation, en nom collectif, en commandite simple ou par actions, en Société anonyme, en Société à responsabilité limitée, modifier, mélanger ou combiner ces divers genres entre eux.

Une seule condition est imposée à l'exercice de cette liberté : la publicité.

A défaut de publicité, il n'y aura pas de Société possible, si ce n'est la Société en participation qui en est dispensée par sa nature même, puisque avant tout elle n'existe pas pour les tiers.

En résumé :

Les Sociétés civiles resteraient soumises au code civil, et les Sociétés commerciales seraient régies par les dispositions du code de commerce modifiées comme nous l'avons indiqué, et *seraient assimilées à des commerçants*.

Toutes les questions de responsabilité seraient

tranchées par les principes du droit commun, notamment par ceux concernant le mandat.

Enfin, le code pénal deviendrait applicable à tous les crimes et délits commis en ces matières.

La loi à faire serait, on le voit, bien simple.

Sa rédaction ne demande ni de grands efforts ni de longues recherches, et elle aurait le double et précieux mérite d'être claire et de reposer sur une base immuable : *la liberté des conventions.*

Nous en donnons plus loin un projet (voir à l'appendice).

Comme on le voit, nous nous rapprochons tout à fait de l'amendement *E. Ollivier*, qui fut repoussé en 1867.

Nous le simplifions seulement afin d'en rendre l'application plus facile.

Nous ne nous dissimulons pas les obstacles qu'il rencontrera avant d'être consacré par un vote de nos Corps législatifs.

Si nous nous trompons, c'est du moins en bonne compagnie, car nous ne faisons que réaliser le vœu exprimé avec une incontestable autorité par les jurisconsultes remarquables faisant partie de la commission d'enquête nommée en 1865 pour étudier les associations coopératives.

Mais nous sommes convaincus que nous

sommes dans la vérité; que le fond, sinon la forme de notre projet, sera adopté un jour.

La liberté en ces matières est le meilleur remède aux abus actuels.

Si nos petits capitalistes sont si facilement trompés, c'est qu'ils sont persuadés que l'État les protége, qu'ils n'ont quant à eux qu'à verser leur argent et à laisser faire.

Le jour où ils se sentiront mis *hors de page*, ils réfléchiront et s'informeront davantage. Ne comptant que sur eux-mêmes, ils liront les statuts et les bilans avant de porter leurs économies à la caisse.

Pour nous, il n'est pas douteux que c'est la liberté des conventions qui nous débarrassera de ces Sociétés véreuses qui, comme le tonneau des Danaïdes, absorbent l'épargne des travailleurs et n'offrent jamais que le vide aux malheureux actionnaires.

Au premier abord il va paraître étrange qu'on puisse constituer une Société au capital de 100 francs, par exemple, avec des actions de 50 centimes; mais la réflexion fera comprendre qu'aucun homme raisonnable ne s'amusera à dépenser une somme égale ou double pour le simple plaisir de faire une Société à l'état d'embryon.

Si cependant, à un moment donné, deux ou plusieurs individus croyaient avoir intérêt à opérer ainsi, ils auraient le droit de le faire.

Nous ne voyons là aucun danger.

Il n'est pas douteux, du reste, que dans la pratique, le bon sens public, les nécessités des affaires feront bonne justice de toutes les conventions bizarres qui ne manqueront pas de surgir à l'apparition de la loi, et que ce sont les clauses les plus rationnelles, en même temps que les plus protectrices, qui domineront dans les statuts.

On ne manquera pas de nous répéter ce qu'on a dit déjà :

« C'est surtout quand il s'agit d'associations, de Sociétés... d'une puissance quelquefois considérable... que l'État doit exercer avec vigilance son rôle naturel et nécessaire de protection de la liberté et des droits de tous, notamment des droits des faibles, des incapables, des mineurs et des déshérités.

« Le système d'*autonomie individuelle*, poussé à l'extrême, aurait pour résultat final la destruction de l'État et la *mise en poussière de la Société*. (M. Breulier, n° du *XIX° Siècle* du 12 janvier 1879.)

C'est toujours l'argument des protectionnistes. Pas d'innovation, ou tout est perdu !

Autant que quiconque, nous voulons que les *incapables, les mineurs, les déshérités* qui n'ont du reste rien à voir dans la question qui nous occupe soient protégés, mais nous voulons aussi qu'on enlève des entraves inutiles et

surtout gênantes, et nous demandons que :
l'INDÉPENDANCE DES CAPITAUX *devienne une vérité comme elle est un droit.*

Sur ce point, une réforme générale est réclamée. Nous ne sommes plus en 1867. Ce qui a été reconnu vrai mais intempestif alors, devient possible et doit être appliqué aujourd'hui.

Il faut que cette vérité soit reconnue : *les conventions voulues, arrêtées par tous les intéressés, n'ont d'autres limites que la fraude ou la loi ordinaire.*

Nous comprendrions le raisonnement de l'écrivain du *XIXe Siècle* cité plus haut, si l'État avait pu trouver le moyen, dans tous les essais de législation antérieure, de donner aux intérêts individuels une protection efficace.

Mais malheureusement les lois spéciales n'ont rien empêché. La protection, en pratique, s'est rencontrée dans la loi civile, c'est-à-dire le droit commun et ses principes éternels.

C'est encore et toujours à la loi ordinaire qu'on est revenu en matière de dol, de fraude ou de dommages et intérêts.

Les faits sont là, bien connus.

Les lois spéciales, la prétendue protection, les précautions prises qui ont la prétention d'être minutieuses et ne sont que puériles, n'ont su ni empêcher aucun désastre financier, ni éviter aucune des ruines qu'ils ont causées.

C'est le code civil, *toujours*, qui a réparé les mécomptes qu'elles n'ont pas pu prévenir.

Il faut donc les laisser à l'écart, comme ces formidables armures d'un passé mort à tout jamais, qui écraseraient sans les préserver nos générations plus alertes, mieux protégées par l'instruction et les progrès modernes; et avant tout être de notre temps, où tous les drapeaux, quelle que soit leur nationalité, n'ont que cette même devise : *Émancipation et Liberté.*

APPENDICE

—

Iʳᵉ PARTIE

—

Législation ancienne de 1509 à 1800

———

Ancienne coutume d'Orléans, rédigée en 1509.

—

. . . .

ARTICLE 80. — Société ne se contracte entre aucuns,
qu'ils ne soient conjoincts par mariage, *sinon qu'il y
ait entre eux convention expresse.....* Toutefois où elle
ne serait passée devant notaires, elle ne pourra préju-
dicier à autres qu'aux contractants.

. . . .

———

*Ordonnance du roi Charles IX
donnée à Moulins au mois de février 1566.*

—

. . . .

ARTICLE LIV. — La preuve par témoins ne sera plus
admise dans les demandes excédant la somme de cent
livres.

Pour obvier à la multiplication de faicts que lon a
veu cy-devant estre mis en avant en jugement, sub-
jects à preuve de tesmoings, et reproche d'iceux dont
adviennent plusieurs inconveniens et invelutions de
procez ; avons ordonné et ordonnons que d'oresnavant
de toutes choses excédant la somme ou valeur de cent

livres pour une fois payer, seront passez contracts par-
devant notaires et tesmoings, par lesquels contracts
seulement sera faicte et receue toute preuve esdictes
matières, sans recevoir aucune preuve par tesmoings,
outre le contenu au contract qui sera allégué avoir esté
dit ou convenu avant iceluy lors et depuis. En quoi
n'entendons exclurre les preuves des conventions particulières et autres qui seraient faictes par les parties
soubs leurs seings, seaux et escriptures privées.

Ordonnance de Blois de Henry III
mai 1579.

357. — Défendons à tous etrangers de lever banque
en nostre royaume, sans qu'au preàlable ils ayent
baillé caution resseante et solvable, dans icelui, de la
somme de quinze mille ecus sol, laquelle si besoin est
ils seront tenus de renouveller de trois ans en trois
ans. Et voulons que toute Compagnies ja faites, ou
qui se feront ci-après entre les dits estrangers estans
en nostre royaume, *soient inscrites et enregistrées* aux
registres des balliages, sénéchaussées et hostels com-
muns des villes *où ils seront tenus nommer et déclarér
tous leurs participans et associez,* sur peine de faux,
*ordonnant que ceux qui aùront des banques et Sociétez ne
puissent avoir aucune action l'un contre l'autre, s'ils
n'ont fait faire leur enregistrement contenu ci-dessus.*

Ordonnance de Louis XIII
janvier 1629.

414. — Voulons que l'article 357 de l'ordonnance de

Blois, touchant la publication des associations entre marchands et desistements d'icelles, ait lieu entre nos sujets, ainsi qu'il est ordonné pour les étrangers.

. . . .

—

Ordonnance de Louis XIV, roi de France et de Navarre, pour le commerce, donnée à Versailles en mars 1673.

—

. . . .

TITRE IV

DES SOCIÉTÉS

—

ARTICLE Ier. — *Toute Société générale ou en commandite* sera rédigée par écrit ou par-devant notaire, ou sous signature privée, et ne sera reçue aucune preuve par témoins, contre et outre le contenu en l'acte de Société, ni sur ce qui serait allégué avoir été dit avant, lors ou depuis l'acte encore qu'il s'agit d'une somme ou valeur moindre de cent livres.

ARTICLE II. — L'Extrait des Sociétés entre marchands et négociants, tant en gros qu'en détail, sera registré au greffe de la juridiction consulaire, s'il y en a, sinon en celui de l'Hôtel commun de la Ville ; et s'il n'y en a point, au greffe de nos juges des lieux, et de ceux des seigneurs ; et l'extrait inséré dans un tableau exposé en lieu public ; le tout à peine de nullité des actes et contrats passés, tant entre les associés qu'avec leurs créanciers et ayant cause.

ARTICLE III. — Aucun extrait de Société ne sera enregistré s'il n'est signé ou des associés ou de ceux qui auront souffert la Société, et ne contient les noms, surnoms, qualités et demeure des associés, et les clauses extraordinaires, s'il y en a, pour la signature des actes, le temps auquel elle doit commencer et finir, et ne sera réputé continuée s'il n'y en a un acte par écrit, pareillement enregistré et affiché.

Article IV. — Tous actes portant changement d'associés, nouvelles stipulations ou clauses pour la signature, seront enregistrés et publiés, et n'auront lieu que du jour de la publication.

Article V. — Ne sera pris par le greffier, pour l'enregistrement de la Société, et la transcription dans le tableau, que cinq sols, et pour chaque extrait qu'il en délivrera trois sols.

Article VI. — Les Sociétés n'auront effet à l'égard des associés, leurs veuves et héritiers, créanciers et ayant-cause, que du jour qu'elles auront été enregistrées et publiées au greffe ou domicile de tous les contractants, et du lieu où ils auront magasin.

Article VII. — Tous associés seront obligés solidairement aux dettes de la Société, encore qu'il n'y en ait qu'un qui ait signé, au cas qu'il ait signé pour la Compagnie et non autrement.

Article VIII. — Les associés en commandite ne seront obligés que jusqu'à la concurrence de leur part.

Article IX. — Toute Société contiendra la clause de se soumettre aux arbitres pour les contestations qui surviendront entre les associés; ou encore que la clause fut admise, un des associés pourra en nommer, ce que les autres seront tenus de faire; sinon en sera nommé par le juge pour ceux qui en feront refus.

Article X. — Voulons aussi qu'en cas de décès ou de longue absence d'un des arbitres, les associés en nomment d'autres; mais il y sera pourvu par le juge pour les refusants.

Article XI. — En cas que les arbitres soient partagés en opinions, ils pourront convenir de surarbitre, sans le consentement des parties ; et s'ils n'en conviennent, il en sera nommé un par le juge.

Article XII. — Les arbitres pourront juger sur les pièces et mémoires qui leur seront remis, sans aucune formalité de justice, nonobstant l'absence de quelqu'une des parties.

Article XIII. — Les sentences arbitrales entre associés pour négoce, marchandise ou banque, seront homologuées en la juridiction consulaire, s'il y en a ; sinon ès-siéges ordinaires de nos juges, ou de ceux des seigneurs.

Article XIV. — Tout ce que dessus aura lieu à l'égard des veuves, héritiers et ayant-cause des associés.

. . . .

Décret de l'Assemblée nationale du 27 août 1792

Relatif à la formalité de l'enregistrement pour les effets publics au porteur.

—

Article 1er. — Les effets publics au porteur, soit ceux sur l'État......, *soit ceux des Compagnies et Sociétés d'actionnaires......, et généralement tous effets publics susceptibles d'être négociés, seront sujets à la formalité de l'enregistrement* établie par la loi du 19 décembre 1790....

Loi du 24 août 1793

Supprimant la Caisse d'escompte et différentes autres associations.

—

Article 1er. — Les associations connues sous le nom

de Caisse d'escompte, de Compagnies d'assurances à vie, et généralement *toutes celles dont le fonds capital repose sur les actions au porteur*, ou sur des effets négociables, ou sur des inscriptions sur un livre, *transmissibles à volonté, sont supprimées*, et se libéreront d'ici au 1er janvier prochain.

ARTICLE 2. — A l'avenir, il ne pourra être établi, formé et conservé de pareilles associations ou Compagnies sans une autorisation du Corps législatif.

. . . .

Décret du 26-29 germinal an II.

—

La Convention nationale, après avoir entendu le rapport du comité des finances,

Déclare faux et supposé le décret qui supprime les Compagnies financières, inséré dans le procès-verbal de la séance du 17 du premier mois, et ordonne qu'il sera remplacé par celui qui suit :

La Convention nationale, après avoir entendu la commission des finances, décrète ce qui suit :

ARTICLE 1er. — Les Compagnies financières sont et demeurent supprimées. Il est défendu à tous banquiers, négociants et autres personnes quelconques, de former aucun établissement de ce genre, sous aucun prétexte et sous quelque dénomination que ce soit.

ARTICLE 2. — Les décrets des 27 août et 29 novembre 1792 seront exécutés contre toutes les Compagnies dont les portions d'intérêt circulaient à l'époque des dites lois sous la forme d'actions au porteur, et qui, ayant converti les dites portions d'intérêt en inscriptions sur leurs propres registres, ont établi pour leurs négociations des transferts particuliers ; et les percepteurs du droit d'enregistrement feront verser au Trésor public les sommes déjà dues à la nation par les dites Compagnies pour le triple droit encouru à raison de leurs transferts.

. . . .

Décret du 17 vendémiaire an II.

—

. . . .

ARTICLE 4. — Il sera nommé par le ministre des contributions publiques des commissaires auxquels la commission des finances remettra l'état des sommes dues par la Compagnie des Indes, en exécution de l'article 2 du présent décret.

Les dits commissaires seront chargés :

1º De faire lever les scellés apposés sur les effets et marchandises de la Compagnie des Indes ;

2º De faire verser au Trésor public les sommes dues à la nation par la Compagnie, suivant les articles précédents ;

3º De dresser l'état de tous les objets concédés ci-devant par le gouvernement à la dite Compagnie, et à cet effet ils se feront représenter tous titres, registres et actes nécessaires.

4º De veiller à ce que la vente et la liquidation de la Compagnie se fassent de la manière et dans les délais ci-après déterminés.

Loi du 30 brumaire an IV.

Loi qui abroge celle du 26 germinal an II.

—

Le conseil des Cinq-Cents, considérant qu'il est urgent de donner au commerce toute l'activité et la liberté qui lui sont nécessaires pour accroître les ressources de la France, déclare qu'il y a urgence.

Et après avoir déclaré l'urgence, il adopte la résolution suivante :

La loi du 26 germinal an II, concernant les Compagnies et associations commerciales, est abrogée.

Le conseil des Anciens approuve la résolution ci-dessus.

Loi du 22 frimaire an VII
sur l'enregistrement.

. . . .

ARTICLE 16. — Si les sommes et valeurs ne sont pas déterminées dans un acte ou un jugement donnant lieu au droit proportionnel, les parties seront tenues d'y suppléer avant l'enregistrement *par une déclaration estimative, certifiée et signée au pied de l'acte.* . . . .

. . . .

ARTICLE 39. — Les héritiers donataires ou légataires qui n'auront pas fait, dans les délais prescrits, les déclarations des biens à eux transmis par décès, *payeront*, à titre d'amende, *un demi-droit en sus* du droit qui sera dû pour la mutation.

La peine pour les omissions qui seront reconnues avoir été faites dans les déclarations, *sera d'un demi-droit en sus* de celui qui se trouvera dû pour les objets omis : il en sera de même pour les insuffisances constatées dans les estimations des biens déclarés.

Si l'insuffisance est établie par un rapport d'experts, les contrevenants paieront en outre les frais de l'expertise. . . . .

Arrêté du 2 prairial an XI.

—

Article 1er. — Les Sociétés pour la course, s'il n'y a pas de conventions contraires, seront réputées en commandite soit que les intéressés se soient associés par des qualités fixes ou par actions. . . . .

—————

IIe PARTIE

—

Législation de 1800 à 1880

———

Loi du 8 mars 1804.

Titre IX du Code civil, chapitre Ier. — Dispositions générales.

—

Article 1832. — La Société est un contrat par lequel deux ou plusieurs personnes conviennent de mettre quelque chose en commun, dans la vue de partager le bénéfice qui pourra en résulter.

1833. — Toute Société doit avoir un objet licite et être contractée pour l'intérêt commun des parties. — Chaque associé doit de l'argent, ou d'autres biens, ou son industrie.

1834. — Toutes Sociétés doivent être rédigées par écrit, lorsque leur objet est d'une valeur de plus de 150 francs. La preuve testimoniale n'est point admise contre et outre le contenu de l'acte de Société, ni sur ce qui serait allégué avoir été dit avant, lors et depuis oct acte, encore qu'il s'agisse d'une somme ou valeur moindre de 150 francs.

1835. — Les Sociétés sont universelles ou particulières.

1836. — On distingue deux sortes de Sociétés universelles : la Société de tous biens présents et la Société universelle de gains.

1837. — La Société de tous biens présents est celle par laquelle les parties mettent en commun tous les biens meubles et immeubles qu'elles possèdent actuellement, et les profits qu'elles pourraient en tirer. — Elles peuvent aussi y comprendre toute autre espèce de gains ; mais les biens qui pourraient leur advenir par succession, donation ou legs, n'entrent dans cette Société que pour la jouissance, toute stipulation tendant à y faire entrer la propriété de ces biens est prohibée, sauf entre époux, et conformément à ce qui est réglé à leur égard.

1838. — La Société universelle de gains renferme tout ce que les parties acquerront par leur industrie, à quelque titre que ce soit, pendant le cours de la Société ; les meubles que chacun des associés possède au temps du contrat y sont aussi compris, mais leurs immeubles personnels n'y entrent que pour la jouissance seulement.

1839. — La simple convention de Société universelle faite sans autre explication, n'emporte que la Société universelle de gains.

1840. — Nulle Société universelle ne peut avoir lieu qu'entre personnes respectivement capables de se donner ou de recevoir l'une de l'autre, et auxquelles il n'est point défendu de s'avantager au préjudice de certaines personnes.

1841. — La Société particulière est celle qui ne s'applique qu'à certaines choses déterminées ou à leur usage, ou aux fruits à en percevoir.

1842. — Le contrat par lequel plusieurs personnes s'associent, soit pour une entreprise désignée, soit pour l'exercice de quelque métier ou profession, est aussi une Société particulière.

1843. — La Société commence à l'instant même du contrat s'il ne désigne une autre époque.

1844. — S'il n'y a pas de convention sur la durée de la Société, elle est censée contractée pour toute la vie des associés, sous la modification portée en l'article 1869, ou s'il s'agit d'une affaire dont la durée est limitée, pour tout le temps que doit durer cette affaire.

1845. — Chaque associé est débiteur envers la Société de tout ce qu'il promet d'y apporter. — Lorsque cet apport consiste en un corps certain, et que la Société a été évincée, l'associé est garant envers la Société, de la même manière qu'un vendeur l'est envers son acheteur.

1846. — L'associé qui devait apporter une somme dans la Société, et qui ne l'a point fait, devient de plein droit et sans demande, débiteur des intérêts de cette somme, à compter du jour où elle devait être payée. — Il en est de même à l'égard des sommes qu'il a prises dans la Société, à compter du jour où il les en a tirées pour son profit particulier, le tout sans préjudice de plus amples dommages-intérêts s'il y a lieu.

1847. — Les associés qui se sont soumis à apporter leur industrie à la Société lui doivent compte de tous les gains qu'ils ont faits par l'espèce d'industrie, qui est l'objet de cette Société.

1848. — Lorsque l'un des associés est, pour son compte particulier, créancier d'une somme exigible envers une personne qui se trouve aussi devoir à la Société une somme également exigible, l'imputation de ce qu'il reçoit de ce débiteur doit se faire sur la créance de la Société et sur la sienne dans la proportion des deux créances, encore qu'il eût par sa quit-

tance dirigé l'imputation intégrale sur sa créance particulière ; mais s'il a exprimé dans sa quittance que
l'imputation serait faite en entier sur la créance de la
Société, cette stipulation sera exécutée.

1849. — Lorsqu'un des associés a reçu sa part entière
de la créance commune, et que le débiteur est devenu
insolvable, cet associé est tenu de rapporter à la masse
commune ce qu'il a reçu, encore qu'il eût spécialement
donné quittance pour sa part.

1850. — Chaque associé est tenu envers la Société
des dommages qu'il a causés par sa faute, sans pouvoir
compenser avec ces dommages ce que son industrie lui
aurait procuré dans d'autres affaires.

1851. — Si les choses dont la jouissance seulement a
été mise dans la Société sont des corps certains et déterminés, qui ne se consomment point par l'usage, elles
sont aux risques de l'associé propriétaire. Si ces choses
se consomment, si elles se détériorent en les gardant,
si elles ont été mises dans la Société sur une estimation portée par un inventaire, elles sont aux risques
de la Société. Si la chose a été estimée, l'associé ne peut
répéter que le montant de son estimation.

1852. — Un associé a action contre la Société, non-
seulement à raison des sommes qu'il a déboursées pour
elle, mais encore à raison des obligations qu'il a con-
tractées de bonne foi pour les affaires de la Société, et
des risques inséparables de sa gestion.

1853. — Lorsque l'acte de Société ne détermine point
la part de chaque associé dans les bénéfices ou pertes,
la part de chacun est proportionnelle à sa mise dans le
fonds de la Société. — A l'égard de celui qui n'a
apporté que son industrie, sa part dans les bénéfices ou
dans les pertes est réglée comme si sa mise eût été égale
à celle de l'associé qui a le moins apporté.

1854. — Si les associés sont convenus de s'en rapporter à l'un d'eux ou à un tiers pour le règlement des parts, ce règlement ne peut être attaqué s'il n'est évidemment contraire à l'équité. — Nulle réclamation n'est admise à ce sujet s'il s'est écoulé plus de trois mois depuis que la partie qui se prétend lésée a eu connaissance du règlement, ou si ce règlement a reçu de sa part un commencement d'exécution.

1855. — La convention qui donnerait à l'un des associés la totalité des bénéfices est nulle. — Il en est de même de la stipulation qui affranchirait de toute contribution aux pertes les sommes ou effets mis à la disposition de la Société par un ou plusieurs des associés.

1856. — L'associé chargé de l'administration par une clause spéciale du contrat de Société peut faire, nonobstant l'opposition des autres associés, tous les actes qui dépendent de son administration, pourvu que ce soit sans faute. Ce pouvoir ne peut être révoqué sans cause légitime tant que la Société dure ; mais s'il n'a été donné que par acte postérieur au contrat de Société, il est révocable comme un simple mandat.

1857. — Lorsque plusieurs associés sont chargés d'administrer sans que leurs fonctions soient déterminées ou sans qu'il ait été exprimé que l'un ne pourrait agir en l'absence de l'autre, lors même que celui-ci serait dans l'impossibilité actuelle de concourir aux actes d'administration.

1858. — S'il a été stipulé que l'un des administrateurs ne pourra rien faire sans l'autre, un seul ne peut, sans une nouvelle convention, agir en l'absence de l'autre, lors même que celui-ci serait dans l'impossibilité actuelle de concourir aux actes d'administration.

1859. — A défaut de stipulations spéciales sur le mode d'administration, l'on suit les règles suivantes :

— 1° Les associés sont censés s'être donné réciproquement le pouvoir d'administrer l'un pour l'autre. Ce que chacun fait est valable même pour la part de ses associés, sans qu'il ait pris leur consentement, sauf le droit qu'ont ces derniers ou l'un d'eux de s'opposer à l'opération avant qu'elle soit conclue.

2° Chaque associé peut se servir des choses appartenant à la Société, pourvu qu'il les emploie à la destination fixée par l'usage, et qu'il ne s'en serve pas contre l'intérêt de la Société, ou de manière à empêcher ses associés d'en user selon leur droit.

3° Chaque associé a le droit d'obliger ses associés, de faire avec lui les dépenses qui sont nécessaires pour la conservation des choses de la Société.

4° L'un des associés ne peut faire d'innovations sur les immeubles dépendant de la Société, même quand il les soutiendrait avantageuses à cette Société, si les autres associés n'y consentent.

1860. — L'associé ne peut, sans le consentement de ses associés, s'associer une tierce personne relativement à la part qu'il a dans la Société ; il ne peut pas, sans ce consentement, l'associer à la Société, lors même qu'il en aurait l'administration.

1862. — Dans les Sociétés autres que celles de commerce, les associés ne sont pas tenus solidairement des dettes sociales, et l'un des associés ne peut obliger les autres si ceux-ci ne lui en ont conféré le pouvoir.

1863. — Les associés sont tenus envers le créancier avec lequel ils ont contracté chacun pour une somme et part égales, encore que la part de l'un d'eux dans la Société fût moindre, si l'acte n'a pas spécialement restreint l'obligation de celui-ci sur le pied de cette dernière part.

1864. — La stipulation que l'obligation est contractée pour le compte de la Société ne lie que l'associé contractant et non les autres, à moins que ceux-ci ne lui aient donné pouvoir, ou que la chose ait tourné au profit de la Société.

1865. — La Société finit : 1° Par l'expiration du temps pour lequel elle a été contractée ; 2° par l'extinction de la chose ou la consommation de la négociation ; 3° par la mort naturelle de quelqu'un des associés ; 4° par la mort civile, l'interdiction ou la déconfiture de l'un d'eux ; 5° par la volonté qu'un seul ou plusieurs expriment de ne plus être en Société.

1866. — La prorogation d'une Société à temps limité ne peut être prouvée que par un écrit revêtu des mêmes formes que le contrat de Société.

1867. — Lorsque l'un des associés a promis de mettre en commun la propriété d'une chose, la perte survenue avant que la mise ne soit effectuée opère la dissolution de la Société, par rapport à tous les associés. — La Société est également dissoute, dans tous les cas, par la perte de la chose dont la propriété a été déjà apportée à la Société.

1868. — S'il a été stipulé qu'en cas de mort de l'un des associés la Société continuerait avec son héritier, ou seulement entre les associés survivants, ces dispositions seront suivies. Au second cas, l'héritier du décédé n'a droit qu'au partage de la Société, eu égard à la situation de cette Société lors du décès, et ne participe aux droits ultérieurs qu'autant qu'ils sont une suite nécessaire de ce qui s'est fait avant la mort de l'associé auquel il succède.

1869. — La dissolution de la Société, par la volonté de l'une des parties, ne s'applique qu'aux Sociétés dont la durée est illimitée, et n'opère pas une renonciation notifiée à tous les associés, pourvu que cette renonciation soit de bonne foi et non faite à contre-temps.

1870. — La renonciation n'est pas de bonne foi lorsque

l'associé renonce, pour s'approprier à lui seul, le profit que les associés s'étaient proposé en commun. Elle est faite à contre-temps lorsque les choses ne sont plus entières, et qu'il importe à la Société que sa dissolution soit différée.

1871. — La dissolution des Sociétés à terme ne peut être demandée par l'un des associés avant le terme convenu qu'autant qu'il y en a de justes motifs, comme lorsqu'un autre associé manque à ses engagements, ou qu'une infirmité habituelle le rend inhabile aux affaires de la Société, ou autres cas semblables, dont la légitimité et la gravité sont laissées à l'arbitrage des juges.

1872. — Les règles concernant le partage des successions, la forme de ce partage et les obligations qui en résultent entre les cohéritiers s'appliquent au partage entre associés.

1873. — Les dispositions du présent titre ne s'appliquent aux Sociétés de commerce que dans les points qui n'ont rien de contraire aux lois et usages du commerce.

Code de Commerce.

Article 18. — Le contrat de Société se règle par le droit civil, par les lois particulières au commerce et par les conventions des parties.

Article 19. — La loi reconnaît trois espèces de Sociétés commerciales : la Société en nom collectif, la Société en commandite, la Société anonyme.

Article 20. — La Société en nom collectif est celle que contractent deux personnes ou un plus grand nombre, et qui a pour objet de faire le commerce sous une raison sociale.

Article 21. — Les noms des associés peuvent seuls faire partie de la raison sociale.

Article 22. — Les associés en nom collectif indiqués dans l'acte de Société sont solidaires pour tous les engagements de la Société, encore qu'un seul des associés ait signé, pourvu que ce soit sous la raison sociale.

Article 23. — La Société en commandite se contracte entre un ou plusieurs associés responsables ou solidaires, et un ou plusieurs associés, simples bailleurs de fonds, que l'on nomme commanditaires ou associés en commandite. Elle est régie sous un nom social, qui doit être nécessairement celui d'un ou plusieurs des associés responsables et solidaires.

Article 24. — Lorsqu'il y a plusieurs associés solidaires et en nom, soit que tous gèrent ensemble, soit qu'un ou plusieurs gèrent pour tous, la Société est, à la fois, Société en nom collectif à leur égard et Société en commandite à l'égard des simples bailleurs de fonds.

Article 25. — Le nom d'un associé commanditaire ne peut faire partie de la raison sociale.

Article 26. — L'associé commanditaire n'est passible des pertes que jusqu'à concurrence des fonds qu'il a mis ou dû mettre dans la Société.

Article 27. — *L'associé commanditaire ne peut faire aucun acte de gestion, ni être employé pour les affaires de la Société, même en vertu de procuration.*

Article 28. — *En cas de contravention à la prohibition mentionnée dans l'article précédent, l'associé commanditaire est obligé solidairement, avec les associés en nom collectif, pour toutes les dettes et engagements de la Société.*

(Ces deux articles ont été modifiés par la loi du 6 mai 1863.)

Article 29. — La Société anonyme n'existe point sous un nom social : elle n'est désignée par le nom d'aucun des sociétaires.

Article 30. — Elle est qualifiée par la désignation de l'objet de son entreprise.

Article 31. — Elle est administrée par des mandataires à temps, révocables, associés ou non associés, salariés ou gratuits.

Article 32. — Les administrateurs ne sont responsables que de l'exécution du mandat qu'ils ont reçu. Ils ne contractent, à raison de leur gestion, aucune obligation personnelle ni solidaire relativement aux engagements de la Société.

Article 33. — Les associés ne sont passibles que de la perte du montant de leur intérêt dans la Société.

Article 34. — Le capital de la Société anonyme se divise en actions et même en coupons d'actions d'une valeur égale.

Article 35. — L'action peut être établie sous la forme d'un titre au porteur ; dans ce cas, la cession s'opère par la tradition du titre.

Article 36. — La propriété des actions peut être établie par une inscription sur les registres de la Société. Dans ce cas, la cession s'opère par une déclaration de transfert inscrite sur les registres, et signée de celui qui fait le transport ou d'un fondé de pouvoirs.

Article 37. — La Société anonyme ne peut exister qu'avec l'autorisation de l'Empereur, et avec son approbation pour l'acte qui la constitue. Cette approbation doit être donnée dans la forme prescrite pour le règlement d'administration publique.

Article 38. — Le capital des Sociétés en commandite pourra être aussi divisé en actions sans aucune autre dérogation aux règles établies pour ce genre de Société.

Article 39. — Les Sociétés en nom collectif ou en commandite doivent être constatées par des actes publics ou sous signatures privées, en se conformant dans ce dernier cas à l'article 1325 du code Napoléon.

Article 40. — Les Sociétés anonymes ne peuvent être formées que par des actes publics.

Article 41. — Aucune preuve par témoins ne peut être admise contre et outre le contenu dans les actes de Société, ni sur ce qui serait allégué avoir été dit avant l'acte, lors de l'acte ou depuis, encore qu'il s'agisse d'une somme au-dessous de cent cinquante francs.

Article 42. — L'extrait des actes de Société en nom collectif et en commandite doit être remis dans la quinzaine de leur date au greffe du tribunal de commerce de l'arrondissement dans lequel est établie la maison du commerce social, pour être transcrit sur le registre, et affiché pendant trois mois dans la salle des audiences.

Si la Société a plusieurs maisons de commerce situées dans divers arrondissements, la remise, la transcription et l'affichage de cet extrait seront faits au tribunal de commerce de chaque arrondissement.

(Cet article a été complété par la loi du 31 mars 1833.)

Ces formalités seront observées à peine de nullité à l'égard des intéressés, mais le défaut d'aucune d'elles ne pourra être opposé à des tiers par les associés.

Article 43. — L'extrait doit contenir : les noms, prénoms, qualités et demeures des associés autres que les actionnaires ou commanditaires, la raison de commerce de la Société, la désignation de ceux des associés autorisés à gérer, administrer et signer pour la Société, le montant des valeurs fournies ou à fournir par actions ou en commandite, l'époque où la Société doit commencer et celle où elle doit finir.

Article 44. — L'extrait des actes de Société est signé, pour les actes publics, par les notaires, et pour les actes sous seing privé, par tous les associés, si la Société est en nom collectif, et par les associés solidaires ou garants si la Société est en commandite, soit qu'elle se divise ou ne se divise pas en actions.

Article 45. — L'ordonnance du roi qui autorise les Sociétés anonymes devra être affichée avec l'acte d'association et pendant le même temps.

Article 46. — Toute continuation de Société, après terme expiré, sera constatée par une déclaration des associés. Cette déclaration, et tout acte portant dissolution de Société avant le terme fixé pour sa durée par l'acte qui l'établit, tout changement ou retraite d'associés, toutes nouvelles stipulations ou clauses, tout changement à la raison de Société sont soumis aux formalités prescrites par les articles 42, 43, 44.

(Cet article a été modifié par la loi du 31 mars 1833.)

Article 47. — Indépendamment des trois espèces de Sociétés ci-dessus, la loi reconnaît les associations commerciales en participation.

Article 48. — Ces associations sont relatives à une ou plusieurs opérations de commerce. Elles ont lieu, pour les objets, dans les formes avec les proportions d'intérêts et aux conditions convenues entre les participants.

Article 49. — Les associations en participation peuvent être constatées par la représentation des livres de la correspondance, ou par la preuve testimoniale, si le tribunal juge qu'elle peut être admise.

Article 50. — Les associations commerciales en participation ne sont pas sujettes aux formalités prescrites pour les autres Sociétés.

Règlement du ministre de l'intérieur

sur l'article 37 du code de commerce.

—

Article premier. — Les individus qui veulent former une Société anonyme sont tenus de se conformer au code de commerce, et pour obtenir l'autorisation du gouvernement, ils adresseront au préfet de leur département, et à Paris au conseiller d'État préfet de police, une pétition signée de ceux qui veulent former la Société.

Article 2. — La pétition contiendra la désignation de l'affaire ou des affaires que la Société veut entreprendre, le temps de sa durée, le domicile des pétitionnaires, le montant du capital que la Société devra posséder, la manière dont ils entendent former ce capital, soit par souscriptions simples ou par actions, les délais dans lesquels ce capital devra être réalisé, le domicile choisi où sera placé l'administration, et enfin l'acte ou tous les actes d'associations passés entre les intéressés.

Article 3. — Si les souscripteurs de la pétition ne complètent pas eux seuls la Société qui doit être formée ; s'ils déclarent avoir l'intention de la compléter lorsque seulement ils auront obtenu l'approbation du gouvernement, ils devront dans ce cas composer au moins le quart en somme du capital, et s'obliger de payer leur contingent aussitôt après l'autorisation donnée.

Article 4. — Les préfets des départements et le préfet de police à Paris feront, sur la pétition à eux adressée, toutes les informations nécessaires pour vérifier la qualité et la moralité, soit des auteurs du projet soit des pétitionnaires ; ils donneront leur avis sur l'utilité de l'affaire, sur la probabilité du succès qu'elle pourra obtenir ; ils déclareront si l'entreprise ne paraît point contraire aux mœurs, à la bonne foi du commerce et au bon ordre des affaires en général ; ils feront des recherches sur les facultés dés pétitionnaires, de manière à s'assurer qu'ils sont en état de réaliser la mise pour laquelle ils entendent s'intéresser. Les pièces et l'avis du préfet seront adressés au ministre.

Article 5. — Le ministre, après avoir examiné la proposition, la soumettra au chef du gouvernement en son conseil d'État, qui statuera sur son admission ou son rejet.

Article 6. — Il ne pourra être rien changé aux bases et au but de la Société anonyme, après l'approbation reçue, sans avoir obtenu dans les formes prescrites par la présente instruction une nouvelle autorisation du gouvernement, et ce à peine de l'interdiction de la Société.

Article 7. — Les Sociétés anonymes actuellement existantes seront tenues, à peine d'interdiction, de demander l'autorisation du gouvernement dans les mêmes formes prescrites par la présente instruction, et ce dans le délai de six mois, à compter du 1er janvier prochain.

Avis du conseil d'État

en interprétation des articles 27 et 28 du code de commerce relatifs aux associés commanditaires, des 29 avril et 17 mai 1809.

Le conseil d'État qui, en exécution du renvoi ordonné par Sa Majesté, a entendu le rapport de la section de l'Intérieur sur celui du ministre de ce département, tendant à faire décider si la dépense portée aux articles 27 et 28 du code de commerce aux associés commanditaires de faire aucun acte de gestion des affaires de la Société en commandite sous peine d'être obligés solidairement, s'applique aux transactions commerciales réciproques étrangères à la gestion de la maison commanditée,

Est d'avis que les articles 27 et 28 du code de commerce ne sont applicables qu'aux actes que les associés commanditaires feraient, en représentant comme gérants la maison commanditée, même par procuration, et qu'ils ne s'appliquent pas aux transactions commerciales que la maison commanditée peut faire pour son compte avec le commanditaire, et réciproquement le commanditaire avec la maison commanditée, comme avec toute autre maison de commerce.

Décret du 12 février 1814.

—

Article 1er. — Indépendamment de l'affiche ordonnée par l'article 42 du code de commerce, et dans le délai y mentionné et sous les mêmes peines, tout extrait d'acte de Société conforme à l'article 43 du même code sera inséré dans les affiches judiciaires et dans le *Journal du commerce* du département de la Seine.

Article 2. — Pareille insertion aura lieu pour tous les changements qui pourront être faits pendant la durée de la Société, soit par la retraite d'un ou de plusieurs associés, soit par les nouvelles conventions qu'ils peuvent faire entre eux pendant la durée de l'association.

Article 3. — Les formalités prescrites par les articles 1 et 2 ci-dessus seront également observées dans les autres départements et les insertions faites dans les affiches judiciaires et les journaux de commerce du département où les tribunaux de commerce seront placés.

Loi du 31 mars-6 avril 1833

Rédaction à insérer au code de commerce (art. 42, après le § 2).

Chaque année, dans la première quinzaine de janvier, les tribunaux de commerce désigneront, au chef-lieu de leur ressort, et, à défaut, dans la ville la plus voisine, un ou plusieurs journaux où devront être insérés dans la quinzaine de leur date les extraits d'acte de Société en nom collectif ou en commandite, et régleront le tarif de l'impression de ces extraits.

Il sera justifié de cette insertion par un exemplaire du journal certifié par l'imprimeur, légalisé par le maire et enregistré dans les trois mois de sa date.

Art. 46 § 3. A rectifier ainsi :

En cas d'omission de ces formalités, il y aura lieu à l'application des dispositions pénales de l'article 42, dernier alinéa.

Loi du 11-21 juillet 1845

interdisant la négociation des promesses d'actions de chemins de fer, et punissant toute publication de la valeur des actions avant l'homologation de l'adjudication.

Loi des 6 janvier, 9 et 20 février 1849

relative à l'application de l'impôt des mutations aux biens de main-morte.

ARTICLE 1ᵉʳ. — Il sera établi, à partir du 1ᵉʳ janvier 1849, sur les biens immeubles passibles de la contribution foncière appartenant aux départements..... congrégations religieuses..... Sociétés anonymes..... une taxe annuelle représentative des droits de transmission entre-vifs et par décès. Cette taxe sera calculée à raison de soixante-deux centimes et demi pour franc du principal de la contribution foncière.

ART. 2. — Les formes prescrites pour l'assiette et le recouvrement de la contribution foncière seront suivies pour l'établissement et la perception de la nouvelle taxe.

ART. 3. — La taxe annuelle établie par la présente loi sera à la charge du propriétaire seul, pendant la durée des baux actuels, nonobstant toutes stipulations contraires.

Loi des 7-22 mars, 5-14 juin 1850

relative au timbre des effets de commerce, augmenté de 2 décimes par la loi du 23 août 1871, et rendue applicable aux Sociétés étrangères par la loi du 31 mars 1872.

TITRE II.

CHAPITRE Ier. — Actions dans les Sociétés.

ART. 14. — Chaque titre ou certificat d'action, dans une Société, Compagnie ou entreprise quelconque, financière, commerciale, industrielle ou civile, que l'action soit d'une somme fixe ou d'une quotité, qu'elle soit libérée ou non libérée, émis à partir du 1er janvier 1851, sera assujetti au timbre proportionnel de cinquante centimes pour cent francs du capital nominal pour les Sociétés, Compagnies ou entreprises dont la durée n'excédera pas dix ans, et à un pour cent pour celles dont la durée dépassera dix années. — A défaut de capital nominal, le droit se calculera sur le capital réel, dont la valeur sera déterminée d'après les règles établies par les lois sur l'enregistrement. — L'avance en sera faite par la Compagnie, quels que soient les statuts. — La perception de ce droit personnel suivra les sommes et valeurs de vingt francs en vingt francs, inclusivement et sans fractions.

ART. 15. — Au moyen du droit établi par l'article précédent, les cessions de titre ou de certificat d'action seront exemptes de tout droit et de toute formalité d'enregistrement.

ART. 16. — Les titres ou certificats d'actions seront tirés d'un registre à souche ; le timbre sera apposé sur la souche et le talon. — Le dépositaire du registre sera tenu de le communiquer aux préposés de l'enregistrement, selon le mode prescrit par l'article 54 de la loi du 22 frimaire an VII, et sous les peines y énoncées.

ART. 17. — Le titre ou certificat d'action, délivré par suite de transfert ou de renouvellement, sera timbré à l'extraordinaire ou visé pour timbre gratis, si le titre ou certificat primitif a été timbré.

ART. 18. — Toute Société, Compagnie ou entreprise qui sera convaincue d'avoir émis une action en contravention à l'article 14 et au premier paragraphe de l'article 16, sera passible d'une amende de douze pour cent du montant de cette action.

ART. 19. — L'agent de change ou le courtier qui aura concouru à la cession ou au transfert d'un titre ou certificat d'action non timbré sera passible d'une amende de dix pour cent du montant de l'action.

ART. 20. — Il est accordé un délai de six mois pour faire timbrer à l'extraordinaire ou viser pour timbre sans amende et au droit proportionnel de cinq centimes pour cent francs, conformément à l'article 1er, les titres ou certificats d'actions qui auront été, en contravention aux lois existantes, délivrés antérieurement au 1er janvier 1851. — Le droit sera perçu sur la représentation du registre à souche, ou tout autre constatant la délivrance du certificat, et l'avance en sera faite par la Compagnie, la Société ou l'entreprise. Le délai de six mois expiré, la Société, la Compagnie ou l'entreprise sera, en cas de contravention, passible de l'amende déterminée par l'article 18. — L'avis officiel de l'acquittement des droits, inséré dans le *Moniteur*, équivaudra à l'apposition du timbre pour les titres ou certificats énoncés au premier paragraphe de cet article.

ART. 21. — L'article 17 ne sera pas applicable aux renouvellements des titres énoncés en l'article 20. Ces renouvellements resteront assujettis au timbre déterminé par cet article, et les cessions de titres ainsi renouvelés au droit d'enregistrement fixé par les lois anciennes, s'il résulte du titre nouveau que le titre primitif avait été émis antérieurement au 1er janvier 1851.

ART. 22. — Les Sociétés, Compagnies ou entreprises pourront s'affranchir des obligations imposées par les articles 14 et 20, en contractant avec l'État un abonnement pour toute la durée de la Société. — Le droit sera annuel, de cinq centimes par cent francs du capital nominal de chaque action émise ; à défaut de capital nominal, il sera de cinq centimes par cent francs du capital réel, dont la valeur devra être déterminée conformément au deuxième paragraphe de l'article 14. — Le paiement du droit sera fait, à la fin de chaque trimestre, au bureau d'enregistrement du lieu où se trouvera le siége de la Société, de la Compagnie ou de l'entreprise. — Même en cas d'abonnement, les articles 16 et 18 resteront applicables. Un règlement d'administration publique déterminera les formalités à suivre pour l'application du timbre sur les actions.

Art. 23. — Chaque contravention aux dispositions de ce règlement sera passible d'une amende de 50 francs.

Art. 24. — Seront dispensées du droit les Sociétés, Compagnies ou entreprises abonnées qui, depuis leur abonnement, se seront mises ou auront été mises en liquidation. — Celles qui, postérieurement à leur abonnement n'auront, dans les deux dernières années, payé ni dividendes, ni intérêts ; seront aussi dispensées du droit, tant qu'il n'y aura pas de répartition de dividendes ou de paiement d'intérêts. — Jouiront de la même dispense les Sociétés et Compagnies qui, dans les deux dernières années antérieures à la promulgation de la présente loi, n'auront payé ni dividendes ni intérêts, à la charge, toutefois, par elles, de s'abonner dans les six mois qui suivront cette promulgation, et de payer le droit annuel à partir de la première répartition de dividendes ou du premier paiement d'intérêts.

Art. 25. — Les dispositions des articles précédents ne s'appliquent pas aux actions dont la cession n'est parfaite, à l'égard des tiers, qu'au moyen des conditions déterminées par l'article 1690 du code civil, ni à celles qui en ont été formellement dispensées par une disposition de loi.

Art. 26. — Dans le cas de renouvellement d'une Société ou Compagnie constituée pour une durée n'excédant pas dix années, les certificats d'actions seront de nouveau soumis à la formalité du timbre, à moins que la Société ou Compagnie n'ait contracté un abonnement qui, dans ce cas, se trouvera prorogé pour la nouvelle durée de la Société.

CHAPITRE II. — Obligations négociables des départements, communes, établissements et compagnies.

—

ART. 27. — Les titres d'obligations souscrits à compter du 1er janvier 1851 par les départements, communes, établissements publics et Compagnies, sous quelque dénomination que ce soit, dont la cession, pour être parfaite à l'égard des tiers, n'est pas soumise aux dispositions de l'article 1690 du code civil, seront assujettis au timbre proportionnel de un pour cent du montant du titre. — L'avance en sera faite par les départements, communes, établissements publics et Compagnies. — La perception du droit suivra les sommes et valeurs de vingt francs en vingt francs inclusivement et sans fraction.

ART. 28. — Les titres seront tirés d'un registre à souche. — Le dépositaire du registre sera tenu de le communiquer aux préposés de l'enregistrement, selon le mode prescrit par l'article 54 de la loi du 22 frimaire an VII, et sous les peines y énoncées.

ART. 29. — Toute contravention à l'article 27 et au premier paragraphe de l'article 28 sera passible contre les départements, communes, établissements publics et Sociétés, d'une amende de dix pour cent du montant du titre.

ART. 30. — Les départements, communes, établissements publics et Compagnies auront un délai de six mois, à partir de la promulgation de la présente loi, pour faire timbrer à l'extraordinaire, sans amende, ou viser pour timbre, au droit fixé par les lois existantes, les titres compris dans l'article 27, et souscrits antérieurement au 1er janvier 1851. — Ce délai expiré, les départements, communes, établissements publics et Compagnies seront passibles de l'amende déterminée par l'article 29.

Art. 31. — Les départements, communes, établissements publics et Compagnies pourront s'affranchir des obligations imposées par les articles 27 et 30 en contractant avec l'État un abonnement pour toute la durée des titres. Le droit sera annuel, et de cinq centimes par cent francs du montant de chaque titre. — Le paiement du droit sera fait à la fin de chaque trimestre au bureau d'enregistrement du lieu où les départements, communes, établissements publics et Compagnies, auront le siége de leur administration. — En cas d'abonnement, le dernier paragraphe de l'article 22 et l'article 28 seront applicables.

Art. 32. — Les articles 15, 19, 23 et 25 sont applicables aux titres compris en l'article 27.

TITRE III.

Des polices d'assurances.

SECTION Ire.

Des polices d'assurances autres que les assurances maritimes.

Art. 33. — A compter du 1er octobre 1850, tout contrat d'assurance, ainsi que toute convention postérieure contenant prolongation de l'assurance, augmentation dans la prime ou le capital assuré, sera rédigé sur papier d'un timbre de dimension, sous peine de cinquante francs d'amende contre l'assureur, sans aucun recours contre l'assuré. Si l'assuré en fait l'avance, il aura un recours contre l'assureur. — Lorsque la police contiendra une clause de tacite reconduction, elle sera en outre soumise au visa pour timbre dans le délai de cinq jours de sa date, sous la même peine de cinquante francs d'amende contre l'assureur. Le droit de visa sera le même que celui du timbre employé pour l'acte.

Art. 34. — Les Sociétés d'assurances mutuelles, les Compagnies d'assurances à primes ou autres, sous quelque dénomination que ce soit, et tous assureurs à primes ou autres, seront tenus de faire, au bureau d'enregistrement du lieu où ils auront le siége de leur principal établissement, une déclaration constatant la nature des opérations, et les noms du directeur de la Société ou du chef de l'établissement. — Cette déclaration sera faite avant le 1er octobre 1850 par les Sociétés, Compagnies et assureurs actuellement établis, et par les autres, avant de commencer leurs opérations. — Toute infraction aux dispositions de cet article sera passible d'une amende de mille francs.

Art. 35. — Les Sociétés, Compagnies et assureurs seront tenus d'avoir, au siége de l'établissement, un répertoire sommaire en un ou plusieurs volumes, non sujet au timbre, mais coté, parafé et visé, soit par un des juges du tribunal de commerce, soit par le juge de paix, sur lequel ils porteront par ordre de numéros, et dans les six mois de leur date, toutes les assurances faites soit directement, soit par leurs agents, ainsi que les conventions qui prolongeront l'assurance, augmenteront la prime ou le capital assuré. — A l'égard des Sociétés, Compagnies et assureurs actuellement établis, le répertoire ne sera obligatoire que pour les opérations qui seront faites à compter du 1er octobre 1850. Ce répertoire sera soumis au visa des préposés de l'enregistrement, selon le mode indiqué par la loi du 22 frimaire an VII. — Les préposés de l'enregistrement pourront exiger, au siége de l'établissement, la représentation : 1° des polices en cours d'exécution ou renouvelées par tacite reconduction depuis au moins six mois ; 2° de celles expirées depuis moins de deux mois.

Art. 36. — Chaque contravention aux dispositions de l'article précédent sera passible d'une amende de dix francs.

Art. 37. — Les Sociétés, Compagnies d'assurances et tous autres assureurs contre l'incendie et contre la grêle, pourront s'affranchir des obligations imposées par l'article 33 en contractant avec l'État un abonnement annuel, à raison de deux centimes par mille francs du total des sommes assurées, d'après les polices ou contrats en cours d'exécution. — Les caisses départementales administrées gratuitement, ayant pour but d'indemniser ou de secourir les incendies au moyen de collectes, pourront aussi s'affranchir des mêmes obligations en contractant avec l'État un abonnement annuel de un pour cent du total des collectes de l'année. — Les Compagnies et tous assureurs pour la vie pourront également s'affranchir de l'obligation imposée par l'article 33, en contractant avec l'État un abonnement annuel de deux francs par mille du total des versements faits chaque année aux Compagnies ou aux assureurs. — L'abonnement de l'année courante se calculera sur le chiffre total des opérations de l'année précédente. — Le paiement du droit sera fait, par moitié et par semestre, au bureau de l'enregistrement du lieu où se trouvera le siége de l'établissement.

Art. 38. — Les Sociétés, Compagnies ou assureurs qui, après avoir contracté un abonnement, voudront y renoncer, seront tenus de payer un droit de trente-cinq centimes par chaque police en cours d'exécution, quels que soient la dimension du papier et le nombre des doubles.

Art. 39. — Le pouvoir exécutf déterminera la forme du timbre qui, en cas d'abonnement, sera apposé, sans frais, sur le papier destiné aux polices d'assurances et aux feuilles de collecte.

. . . .

—

Des polices d'assurances maritimes.

—

Art. 42. — A compter du 1er octobre 1850, tout contrat d'assurance maritime ainsi que toute convention postérieure contenant prolongation de l'assurance, augmentation dans la prime ou dans le capital assuré, ou bien (en cas de police flottante) portant désignation d'une somme en risque ou d'une prime à payer, sera rédigé sur papier d'un timbre de dimension, sous peine de cinquante francs d'amende contre chacun des assureurs et assurés. — Les conventions postérieures énoncées dans le paragraphe précédent pourront être inscrites à la suite de la police, à la charge pour chacun d'un visa pour timbre au même droit que celui de la police. — Le visa devra être apposé dans les deux jours de la date des nouvelles conventions.

Art. 43. — Les Compagnies d'assurances maritimes seront tenues de faire, au bureau d'enregistrement du siége de leur établissement et à celui du siége de chaque agence, une déclaration constatant la nature des opérations et les noms du directeur et de l'agent de la Compagnie. — Cette déclaration sera faite, pour les Compagnies actuellement existantes, avant le 1er octobre 1850, et pour les autres avant de commencer leurs opérations. — Toute contravention aux dispositions de cet article sera passible d'une amende de mille francs.

Art. 44. — Les Compagnies d'assurances maritimes seront tenues d'avoir, dans chaque agence, un répertoire non sujet au timbre, mais coté, parafé et visé, soit par un des juges du tribunal de commerce, soit par le juge de paix, sur lequel seront, dans les trois jours de leur date, portées par ordre de numéros les assurances qui auront été faites dans ladite agence sans intermédiaire de courtier ou de notaire, ainsi que les conventions qui prolongeront l'assurance, augmenteront la prime ou le capital assuré, ou bien (en cas de police flottante) qui porteront la désignation d'une somme en risque ou d'une prime à payer. — A l'égard des Compagnies actuellement existantes, le répertoire ne sera obligatoire que pour les opérations qui seront faites à compter du 1er octobre 1850. Ce répertoire sera soumis au visa des préposés de l'enregistrement, selon le mode indiqué par la loi du 22 frimaire an VII, et toutes les fois qu'ils le requerrent, la représentation des polices pourra être exigée au moment du visa.

ART. 45. — Quiconque voudra faire des assurances maritimes autrement que par l'entremise des notaires ou courtiers sera tenu de se conformer à l'article 43 et au premier paragraphe de l'article 44. — Le répertoire des assureurs particuliers ne donnera lieu qu'au visa prescrit par l'article 51 de la loi du 22 frimaire an VII. La représentation des polices pourra être exigée lors du visa.

ART. 46. — Chaque contravention à l'article 44 et au deuxième paragraphe de l'article 45 sera passible d'une amende de 10 francs.

ART. 47. — Le livre que les courtiers doivent tenir, conformément à l'article 84 du code de commerce, sera assujetti au timbre de dimension. — Les notaires seront tenus, comme les courtiers, d'avoir un registre spécial et timbré sur lequel ils transcriront les polices des assurances faites par leur ministère. — Le livre des courtiers et le registre des notaires seront soumis au visa des préposés de l'enregistrement toutes les fois que ceux-ci le requerront. — Toute contravention aux dispositions de cet article comportera une amende de cinquante francs.

Art. 48. — Tout courtier ou notaire qui sera convaincu d'avoir rédigé une police d'assurance ou d'en avoir délivré une expédition ou un extrait sur papier non timbré, conformément à l'article 42, encourra une amende de cinq cents francs, et, en cas de récidive, une amende de mille francs, outre les peines disciplinaires prononcées par les lois spéciales.

TITRE IV.

Dispositions générales.

Lorsqu'un effet, certificat d'action, titre, livre, bordereau, police d'assurance ou tout autre acte sujet au timbre et non enregistré, sera mentionné dans un acte public, judiciaire ou extra-judiciaire, et ne devra pas être représenté au receveur lors de l'enregistrement de cet acte, l'officier public ou officier ministériel sera tenu de déclarer expressément dans l'acte si le titre est revêtu du timbre prescrit, et d'énoncer le montant du droit de timbre payé. — En cas d'omission, les notaires, avoués, greffiiers, huissiers et autres officiers publics seront passibles d'une amende de dix francs par chaque contravention.

Loi du 10-18 juin 1853

Déclarant passible des peines portées par l'article 13 de la loi du 11 juillet 1845, tout agent de change qui se prête à une négociation d'actions interdite par le décret de concession, et punit de la même peine toute publication de la valeur de ces actions.

Loi du 17-23 juillet 1856

Sur les Sociétés en commandite par actions.
(Abrogée par la loi du 24 juillet 1867.)

—

ARTICLE 1er. — Les Sociétés en commandite ne peuvent diviser leur capital en actions ou coupons d'actions de moins de cent francs, lorsque ce capital n'excède pas deux cent mille francs, et de moins de cinq cents francs, lorsqu'il est supérieur. — Elles ne peuvent être définitivement constituées qu'après la souscription de la totalité du capital social et le versement par chaque actionnaire du quart au moins du montant des actions par lui souscrites. — Cette souscription et ces versements sont constatés par une déclaration du gérant dans un acte notarié. — A cette déclaration sont annexés la liste des souscripteurs, l'état des versements faits par eux et l'acte de Société.

ART. 2. — Les actions des Sociétés en commandite sont nominatives jusqu'à leur entière libération.

ART. 3. — Les souscripteurs d'actions dans les Sociétés en commandite sont, nonobstant toute stipulation contraire, responsables du paiement du montant total des actions par eux souscrites. — Les actions ou coupons d'actions ne sont négociables qu'après le versement des deux cinquièmes.

ART. 4. — Lorsqu'un associé fait, dans une Société en commandite par actions, un apport qui ne consiste pas en numéraire, ou stipule à son profit des avantages particuliers, l'assemblée générale des actionnaires en fait vérifier et apprécier la valeur. — La Société n'est définitivement constituée qu'après approbation dans une réunion ultérieure de l'assemblée générale. — Les délibérations sont prises par la majorité des actionnaires présents. Cette majorité doit comprendre le quart du capital social en numéraire. — Les associés qui ont fait l'apport ou stipulé les avantages soumis à l'appréciation de l'assemblée n'ont pas voix délibérative.

Art. 5. — Un conseil de surveillance composé de cinq actionnaires au moins, est établi dans chaque Société en commandite par actions. — Ce conseil est nommé par l'assemblée générale des actionnaires immédiatement après la constitution définitive de la Société, et avant toute opération sociale. — Il est soumis à la réélection tous les cinq ans au moins ; toutefois, le premier conseil n'est nommé que pour une année.

Art. 6. — Est nulle et de nul effet, à l'égard des intéressés, toute Société en commandite par actions constituée contrairement à l'une des prescriptions énoncées dans les articles qui précèdent. Cette nullité ne peut être opposée aux tiers par les associés.

Art. 7. — Lorsque la Société est annulée aux termes de l'article précédent, les membres du conseil de surveillance peuvent être déclarés responsables, solidairement et par corps avec les gérants, de toutes les opérations faites postérieurement à leur nomination. La même responsabilité peut être prononcée contre ceux des fondateurs de la Société qui ont fait un apport en nature, ou au profit desquels ont été stipulés des avantages particuliers.

Art. 8. — Les membres du conseil de surveillance vérifient les livres, la caisse et le portefeuille et les valeurs de la Société. — Ils font, chaque année, un rapport à l'assemblée générale sur les inventaires et sur les propositions de distribution de dividendes faites par le gérant.

Art. 9. — Le conseil de surveillance peut convoquer

l'assemblée générale. Il peut aussi provoquer la dissolution de la Société

ART. 10. — Tout membre d'un conseil de surveillance est responsable avec les gérants, solidairement
et par corps : — 1° Lorsque, sciemment, il a laissé
commettre dans les inventaires des inexactitudes graves, préjudiciables à la Société ou aux tiers; — 2° Lorsqu'il a, en connaissance de cause, consenti à la distribution de dividendes non justifiés par des inventaires
sincères et réguliers.

ART. 11. — L'émission d'actions ou de coupons d'actions d'une Société constituée contrairement aux articles 1 et 2 de la présente loi, est punie d'un emprisonnement de huit jours à six mois, et d'une amende de
cinq cents francs à dix mille francs, ou de l'une de ces
deux peines seulement. — Est puni des mêmes peines
le gérant qui commence les opérations sociales avant
l'entrée en fonctions du conseil de surveillance.

ART. 12. — La négociation d'actions ou de coupons
d'actions dont la valeur ou la forme serait contraire aux
dispositions des articles 1 et 2 de la présente loi, ou
pour lesquels le versement des deux cinquièmes n'aurait pas été effectué conformément à l'article 3, est
punie d'une amende de cinq cents francs à dix mille
francs. — Sont punies de la même peine toute participation à ces négociations et toute publication de la
valeur des dites actions.

ART. 13. — Sont punis des peines portées par l'article 405 du code pénal, sans préjudice de l'application
de cet article à tous les faits constitutifs du délit d'escroquerie : — 1° Ceux qui, par simulation de souscriptions ou de versements, ou par la publication faite de
mauvaise foi de souscriptions ou de versements qui
n'existent pas, ou de tous autres faits faux, ont obtenu
ou tenté d'obtenir des souscriptions ou des versements;

— 2° Ceux qui, pour provoquer des souscriptions ou des versements, ont de mauvaise foi publié les noms de personnes désignées, contrairement à la vérité, comme étant ou devant être attachées à la Société à un titre quelconque ; — 3° Les gérants qui, en l'absence d'inventaires ou au moyen d'inventaires frauduleux, ont opéré entre les actionnaires la répartition de dividendes non réellement acquis à la Société. — L'article 463 du code pénal est applicable aux faits prévus par le présent article.

Art. 14. — Lorsque les actionnaires d'une Société en commandite par actions ont à soutenir collectivement et dans un intérêt commun, comme demandeurs ou comme défendeurs, un procès contre les gérants ou contre les membres du conseil de surveillance, ils sont représentés par des commissaires nommés en assemblée générale. — Lorsque quelques actionnaires seulement sont engagés comme demandeurs ou comme défendeurs dans la contestation, les commissaires sont nommés dans une assemblée spéciale composée des actionnaires parties au procès. — Dans le cas où un obstacle quelconque empêcherait la nomination des commissaires par l'assemblée générale ou par l'assemblée spéciale, il y sera pourvu par le tribunal de commerce, sur la requête de la partie la plus diligente. — Nonobstant la nomination des commissaires, chaque actionnaire a le droit d'intervenir personnellement dans l'instance, à la charge de supporter les frais de son intervention.

Art. 15. — Les Sociétés en commandite par actions actuellement existantes, et qui n'ont pas de conseil de surveillance, sont tenues, dans le délai de six mois, à partir de la présente loi, de constituer un conseil de surveillance. — Ce conseil est nommé conformément aux dispositions de l'article 5. — Les conseils déjà existants et ceux qui sont nommés en exécution du présent article exercent les droits et remplissent les obligations déterminées par l'article 10. — A défaut de constitution du conseil de surveillance dans le délai ci-dessus fixé, chaque actionnaire a le droit de faire prononcer la dissolution de la Société. Néanmoins, un nouveau délai peut être accordé par les tribunaux à raison des circonstances. — L'article 14 est également applicable aux Sociétés actuellement existantes.

Loi du 17-23 juillet 1856

Relative à l'arbitrage forcé.

ARTICLE 1er. — Les articles 51 à 63 du code de commerce sont abrogés.

ART. 2. — L'article 631 du même code est modifié ainsi qu'il suit :

« ART. 631. — Les tribunaux de commerce connaîtront : 1° Des contestations relatives aux engagements et transactions entre négociants, marchands et banquiers ; 2° des contestations entre associés, pour raison d'une Société de commerce ; 3° de celles relatives aux actes de commerce entre toutes personnes. »

Disposition transitoire.

ART. 3. — Les procédures commencées avant la promulgation de la présente loi continueront à être instruites et jugées suivant la loi ancienne. — Les procédures seront censées commencées lorsque les arbitres auront été nommés par le tribunal de commerce, ou choisis par les parties.

Loi du 30 mai-11 juin 1857

Relative aux Sociétés belges.

—

ARTICLE 1ᵉʳ. — Les Sociétés anonymes et les autres associations commerciales, industrielles ou financières qui sont soumises à l'autorisation du gouvernement belge, et qui l'ont obtenue, peuvent exercer tous leurs droits et citer en justice en France, en se conformant aux lois de l'Empire.

ART. 2. — Un décret impérial, rendu en conseil d'État, peut appliquer à tous autres pays le bénéfice de l'article 1ᵉʳ.

Nota. — Les pays suivants ont été admis au bénéfice de cette loi :

Égypte et Turquie...........	Décret du 7 mai 1857.
Sardaigne...................	Décret du 8 septembre 1861.
Portugal et Grand-Duché de Luxembourg..............	Décret du 27 février 1861.
Suisse.....................	Décret du 11 mai 1861.
Espagne...................	Décret du 5 août 1861.
États Romains..............	Décret du 5 février 1862.
Angleterre.................	Décret du 15 mai 1862.
Suède et Norwége...........	Décret du 14 juin 1862.
Pays-Bas...................	Décret du 22 juillet 1863.
Russie.....................	Décret du 25 février 1865.
Prusse.....................	Décret du 29 décembre 1866.
Saxe-Royale	Décret du 23 mai 1868.
Autriche...................	Décret du 20 juin 1868.

Loi du 23-28 juin 1857

Portant fixation du budget général des dépenses et des recettes
de l'exercice 1858.

(Établissement des droits de transmission modifié par les lois
des 15 octobre 1871, 30 mars 1872 et 29 juin 1872.)

—

. . . .

ART. 6. — Indépendamment des droits établis par le
titre II de la loi du 5 juin 1850, *toute cession de titres
ou promesses d'actions et d'obligations dans une Société,
Compagnie ou entreprise quelconque, financière, industrielle, commerciale ou civile, quelle que soit la
date de sa création, est assujettie*, à partir du 1er juillet
1857, *à un droit de transmission de vingt centimes par
cent francs de la valeur négociable.* — *Ce droit, pour les
titres au porteur*, et pour ceux dont la transmission
peut s'opérer sans un transfert sur les registres de la
Société, *est converti en une taxe annuelle* et obligatoire
*de douze centimes par cent francs du capital des dites
actions et obligations*, évalué par leur cours moyen
pendant l'année précédente, et, à défaut de cours dans
cette année, conformément aux règles établies par les
lois sur l'enregistrement.

ART. 7. — Le droit pour les titres nominatifs, dont
la transmission ne peut s'opérer que par un transfert
sur les registres de la Société, est perçu au moment du
transfert, pour le compte du Trésor, par les Sociétés,
Compagnies et entreprises, qui en sont constituées
débitrices par le fait du transfert. — Le droit sur les
titres mentionnés au paragraphe 2 de l'article précédent est payable par trimestre, et avancé par les Sociétés, Compagnies et entreprises, sauf recours contre
les porteurs des dits titres. — A la fin de chaque tri-

mestre, les dites Sociétés sont tenues de remettre au receveur de l'enregistrement du siége social le relevé des transferts et des conversions, ainsi que l'état des actions et obligations soumises à la taxe annuelle.

Art. 8. — Dans les Sociétés qui admettent le titre au porteur, tout propriétaire d'actions et d'obligations a toujours la faculté de convertir ses titres au porteur en titres nominatifs et réciproquement. — Dans l'un et l'autre cas, la conversion donne lieu à la perception du droit de transmission. — Néanmoins, pendant un délai de trois mois, à partir de la mise à exécution de la présente loi, la conversion des actions et obligations au porteur en actions et obligations nominatives, sera affranchie de tout droit.

Art. 9. — Les actions et obligations émises par les Sociétés, Compagnies ou entreprises étrangères, sont soumises, en France, à des droits équivalents à ceux qui sont établis par la présente loi et par celle du 5 juin 1850 sur les valeur françaises ; elles ne pourront être cotées et négociées en France qu'en se soumettant à l'acquittement de ces droits. — Un règlement d'administration publique fixera le mode d'établissement et de perception de ces droits, dont l'assiette pourra reposer sur une quotité déterminée du capital social. — Le même règlement déterminera toutes les mesures nécessaires pour l'exécution de la présente loi.

Art. 10. — Toute contravention aux précédentes dispositions et à celles des règlements qui seront faits pour leur exécution, est punie d'une amende de cent francs à cinq mille francs, sans préjudice des peines portées par l'article 39 de la loi du 22 frimaire an VII pour émission ou insuffisance de déclaration.

Décret impérial du 17 juillet 1857.

Timbre des actions et obligations.

—

Article 1er. — Les Compagnies, Sociétés et entreprises dont les actions et obligations sont assujetties au droit de transmission établi par l'article 6 de la loi du 23 juin 1857, seront tenus de faire, au bureau de l'enregistrement du lieu où elles auront le siége de leur principal établissement, une déclaration constatant :

1° L'objet, le siége et la durée de la Société ou de l'entreprise ;

2° La date de l'acte constitutif et celle de l'enregistrement de cet acte ;

3° Les noms des directeurs ou gérants ;

4° Le nombre et le montant des titres émis, en distinguant les actions des obligations, et les titres nominatifs des titres au porteur.

Cette déclaration devra être faite avant le 15 août prochain pour les Compagnies et entreprises existantes au jour de la promulgation de la loi du 23 juin 1857, et dans le mois de leur constitution définitive pour les Sociétés, Compagnies et entreprises qui se formeront postérieurement. En cas de modifications dans la constitution sociale, de changement de siége, de remplacement du directeur ou gérant, d'émission de titres nouveaux, les dites Sociétés, Compagnies et entreprises, devront en faire la déclaration dans le délai d'un mois au bureau qui aura reçu la déclaration primitive.

Art. 2. — Le droit de vingt centimes par cent francs établi par les articles 6 et 8 de la loi du 23 juin 1857 sur les transferts des actions et obligations nominatives, ainsi que sur les conversions de titres, sera acquitté conformément à l'article 7 de la même loi, par les Sociétés, Compagnies et entreprises au bureau de l'enregistrement du siége social après l'expiration de chaque trimestre et dans les vingt premiers jours du trimestre suivant. — Le relevé des transferts et des conversions sera remis au receveur de l'enregistrement lors de chaque versement. — Ce relevé annoncera : 1° La date de chaque opération ; — 2° les noms, prénoms et domicile du cédant et du cessionnaire ou du détenteur des titres convertis ; — 3° la désignation et le nombre des actions et obligations transférées ou converties ; — 4° le prix de chaque transfert ou la valeur des actions et obligations converties ; — 5° le total en toutes lettres de la somme soumise au droit de 20 centimes par 100 francs.

Art. 3. — La valeur des actions et obligations sera établie, pour celles cotées à la Bourse, d'après le dernier cours moyen constaté avant le jour de la conversion, et, pour les autres, conformément à l'article 16 de la loi du 22 frimaire an VII. — A l'égard des actions et obligations dont la conversion aura été opérée sans payements de droits, en exécution du dernier paragraphe de l'article 8 de la loi du 23 juin 1857, les Sociétés, Compagnies et entreprises remettront au receveur de l'enregistrement un état indicatif du nombre de ces titres dans les vingt jours qui suivront l'expiration du délai accordé pour la conversion gratuite.

Art. 4. — Les transferts faits à titre de garantie, et n'emportant pas transmission de propriété, feront l'objet d'un état spécial joint au relevé trimestriel qui doit être remis au receveur de l'enregistrement, conformément à l'article 2 du présent règlement. — Il ne sera pas tenu compte de ces transferts dans la liquidation des droits.

Art. 5. — Pour l'acquittement de la taxe établie sur les titres au porteur et ceux dont la transmission peut s'opérer sans un transfert sur les registres, les Sociétés formeront un état distinct des actions et obligations de cette nature existantes au dernier jour de chacun des trimestres de janvier, avril, juillet et octobre, et elles le déposeront entre les mains du receveur de l'enregistrement du lieu de l'établissement. — Cet état mentionnera le cours moyen, pendant l'année précédente, des actions et obligations cotées à la Bourse. A l'égard de celles non cotées dans le cours de cette année, il contiendra une déclaration estimative faite conformément à l'article 16 de la loi du 22 frimaire an VII. — La taxe sera payée dans les vingt jours qui suivront l'expiration de chaque trimestre, et perçue pour le trimestre entier, d'après la situation établie conformément au premier paragraphe du présent article. — En ce qui concerne les Compagnies qui seront créées à l'avenir, après l'ouverture d'un trimestre, le droit ne sera liquidé, pour la première fois, que proportionnellement au nombre de jours écoulés depuis leur constitution.

Art. 6. — Les états relevés et déclarations qui seront fournis au receveur de l'enregistrement, conformément aux articles précédents, seront certifiés véritables par les directeurs ou gérants des Sociétés, Compagnies ou entreprises. — Dans ces états relevés et déclarations, comme pour la perception des droits, *il ne sera fait aucune déduction des sommes restant à verser sur les actions et obligations non libérées* (modifié par les lois des 30 mars et 29 juin 1872).

Art. 7. — Le cours moyen qui, suivant l'article 6 de la loi du 23 juin 1857, doit servir de base à la perception de la taxe sur les titres au porteur, sera établi en divisant la somme des cours moyens de chacun des jours de l'année par le nombre de ces cours. — A l'égard des valeurs cotées dans les bourses des départements et à la Bourse de Paris, il sera tenu compte exclusivement des cotes de cette dernière bourse pour la formation du cours moyen.

Art. 8. — Les titres au porteur des Sociétés nouvellement formées ne supporteront la taxe, dans le courant de la première année de leur constitution, que d'après une déclaration estimative, faite par ces Sociétés, de la valeur de leurs titres, conformément à l'article 16 de la loi du 22 frimaire an VII.

Art. 9. — Les dépositaires des registres à souche et des registres de transferts et conversions de titres de Sociétés, Compagnies et entreprises, seront tenus de les communiquer sans déplacements, ainsi que toutes les pièces et documents relatifs aux dits transferts et conversions, aux préposés de l'enregistrement, à toute réquisition, et de leur laisser prendre, sans frais, les renseignements, extraits et copies qui seront nécessaires dans l'intérêt du Trésor public, à peine de l'amende prononcée par l'article 10 de la loi du 23 juin 1857, pour chaque refus. — Le refus de la Société ou de ses agents sera établi, jusqu'à inscription de faux, par le procès-verbal du préposé, affirmé dans les vingt-quatre heures.

Art. 10. — Pour l'exécution de l'article 9 de la loi, les Sociétés, Compagnies ou entreprises étrangères qui ont été autorisées à faire coter leurs actions et obligations, soit à la Bourse de Paris, soit aux bourses départementales, seront tenues, dans les deux mois de la promulgation de la loi, de désigner un représentant responsable en France, et de le faire agréer par le ministre des finances, sous peine de se voir retirer l'autorisation dont elles jouissent. — Toute Compagnie qui, à l'avenir, sera autorisée à faire coter ses titres en France, devra également faire agréer par le ministre des finances un représentant responsable. —

Les Sociétés, Compagnies et entreprises mentionnées aux deux paragraphes précédents, remettront au ministre des finances une déclaration indiquant le nombre de leurs actions et obligations qui devra servir de base à l'impôt. Ce nombre sera fixé par le ministre des finances. — Ces Sociétés, Compagnies et entreprises payeront, pour leurs actions et obligations soumises à l'impôt, une taxe annuelle et obligatoire de 12 centimes par cent francs, conformément au paragraphe 2 de l'article 6 de la loi du 23 juin 1857, sans faire aucune distinction entre les titres nominatifs et les titres au porteur. — Les dispositions des articles 5 et 7 du présent règlement, relatives aux époques de payement et à la fixation du cours moyen, seront applicables aux valeurs étrangères.

Art. 11. — Le droit de timbre auquel sont assujetties les actions et obligations émises par les Sociétés françaises sera acquitté par les Sociétés, Compagnies et entreprises étrangères dont les titres sont ou seront cotés en France. Ce droit sera établi sur la quotité du capital déclaré, conformément à l'article 10 du présent règlement, et payé suivant le mode prescrit par les articles 22 et 31 de la loi du 5 juin 1850. — Un avis officiel inséré au *Moniteur* équivaudra à l'apposition du timbre.

Art. 12. — En cas d'infraction aux dispositions du présent règlement, ou de retard, soit dans le payement des droits, soit dans le dépôt des états, relevés et déclarations prescrits par les articles précédents, les Sociétés, Compagnies et entreprises seront passibles de l'amende prononcée par l'article 10 de la loi du 23 juin 1857, sans préjudice des peines portées par l'article 39 de la loi du 22 frimaire an VII, pour omission ou insuffisance de déclaration. — En cas d'omission ou d'insuffi-

sance dans les états, relevés et déclarations, la preuve
en sera faite comme en matière d'enregistrement.

Les dispositions du présent article seront applicables
aux Sociétés, Compagnies ou entreprises étrangères, et
à leurs représentants.

Décret impérial du 22 mai 1858

Négociation aux bourses françaises des titres des chemins de
fer étrangers.

Article 1er. — La négociation, à la Bourse de Paris
et dans les bourses départementales des titres émis par
les Compagnies des chemins de fer construits en dehors
du territoire français est soumise aux lois et règlements
qui sont applicables à la négociation des valeurs françaises de même nature, et en outre aux conditions
exprimées dans les articles suivants.

Art. 2. — Ces Compagnies doivent justifier qu'elles
sont constituées conformément aux lois des pays où
elles sont formées.....

Art. 3. — Les Compagnies sont tenues de justifier
que leurs actions, ainsi que leurs obligations, si elles
en ont émis, sont cotées officiellement dans le pays
auquel les chemins de fer appartiennent.

Art. 4. — Les actions ne peuvent être de moins de
500 francs. Toutes celles qui ont été émises doivent
être libérées jusqu'à concurrence des sept dixièmes.....

Art. 5. — Les obligations peuvent être négociées et
cotées en France lorsque le capital social ou la partie
de ce capital représentée par des actions aura été intégralement versé, et que l'émission en France de ces
obligations aura été autorisée par les ministres des

finances et de l'agriculture, du commerce et des travaux publics.

. . . .

Décret du 16 août 1859

Modifiant l'article 4 du décret du 22 mai 1858.

—

ARTICLE 1er. — L'article 4 du décret du 22 mai 1858, relatif à la négociation et à la cote des valeurs des Compagnies étrangères, est modifié ainsi qu'il suit :

« Les actions ne peuvent être de moins de cinq cents francs. » « Toutes celles qui ont été émises doivent être libérées jusqu'à concurrence des deux cinquièmes. »

Les autres dispositions de l'article 4 sont maintenues.

Décret impérial du 11-18 janvier 1862

Relatif à la perception du droit de transmission établi sur les actions et obligations des Sociétés, Compagnies et entreprises étrangères.

(Modifié par le décret du 11 décembre 1864.)

—

ARTICLE 1er. — Le droit de transmission établi par l'article 9 de la loi du 23 juin 1857, et par l'article 10 du décret du 17 juillet suivant, sur les actions et obligations des Sociétés, Compagnies et entreprises étrangères, est perçu de la manière suivante :

Pour les Sociétés, Compagnies et entreprises *dont les titres* sont cotés et *circulent simultanément* dans les places de commerce de l'étranger et à la Bourse de Paris, ou dans les bourses départementales, *la moitié du capi-*

tal représenté par leurs actions et obligations *est soumise à l'impôt.*

Pour les Sociétés, Compagnies et entreprises *dont* il est notoire que *les titres circulent particulièrement en France,* l'impôt est perçu *sur le montant total* de leurs actions et obligations.

ART. 2. — Les représentants des Sociétés devront fournir au ministre des finances une déclaration émanée des conseils d'administration des dites Sociétés, faisant connaître l'importance du capital émis, tant en actions qu'en obligations. Cette déclaration doit être certifiée par le consul de France du lieu où est établi le siége de la dite Société.

Loi du 6-9 mai 1863

Qui modifie les articles 27 et 28 du code de commerce.

ARTICLE UNIQUE. — Les articles 27 et 28 du code de commerce sont modifiés ainsi qu'il suit :

ART. 27. — *L'associé commanditaire ne peut faire aucun acte de gestion, même en vertu de procuration.*

ART. 28. — *En cas de contravention à la prohibition mentionnée dans l'article précédent, l'associé commanditaire est obligé, solidairement avec les associés en nom collectif pour les dettes et engagements de la Société qui dérivent des actes de gestion qu'il a faits et il peut, suivant le nombre ou la gravité de ces actes, être déclaré solidairement obligé pour tous les engagements de la Société ou pour quelques-uns seulement. — Les avis et conseils, les actes de contrôle et de surveillance n'engagent point l'associé commanditaire.*

Loi du 23-29 mai 1863

Sur les Sociétés à responsabilité limitée.
(Abrogée par la loi du 24 juillet 1867.)

—

ARTICLE 1er. — Il peut être formé, sans l'autorisation exigée par l'article 37 du code de commerce, des Sociétés commerciales dans lesquelles aucun des associés n'est tenu au-delà de sa mise. Ces Sociétés prennent le titre de *Sociétés à responsabilité limitée.* Elles sont soumises aux dispositions des articles 29, 30, 32, 33, 34, 36 et 40 du code de commerce. — Elles sont administrées par un ou plusieurs mandataires à temps, révocables, salariés ou gratuits pris parmi les associés.

ART. 2. — Le nombre des associés ne peut être inférieur à sept.

ART. 3. — Le capital social ne peut excéder vingt millions de francs (20,000,000 de francs). — Il ne peut être divisé en actions ou coupons d'actions de moins de cent francs, lorsqu'il n'excède pas deux cent mille francs, et de moins de cinq cents francs lorsqu'il est supérieur. — Les actions sont nominatives jusqu'à leur entière libération. — Les actions ou coupons d'actions ne sont négociables qu'après le versement des deux cinquièmes. — Les souscripteurs sont, nonobstant toute stipulation contraire, responsables du montant total des actions par eux souscrites.

ART. 4. — Les Sociétés à responsabilité limitée ne peuvent être définitivement constituées qu'après la souscription de la totalité du capital social et le versement du quart au moins du capital qui consiste en numéraire. Cette souscription et ces versements sont constatés par une déclaration des fondateurs faite par acte notarié. — A cette déclaration sont annexés la liste des souscripteurs, l'état des versements effectués et l'acte de Société. — Cette déclaration, avec les pièces à l'appui, est soumise à la première assemblée générale, qui en vérifie la sincérité.

Art. 5. — Lorsqu'un associé fait un apport qui ne consiste pas en numéraire ou stipule à son profit des avantages particuliers, la première assemblée générale fait apprécier la valeur de l'apport ou la cause des avantages stipulés. — La Société n'est définitivement constituée qu'après l'approbation dans une autre assemblée générale, après une nouvelle convocation. — Les associés qui ont fait l'apport ou stipulé les avantages soumis à l'appréciation et à l'approbation de l'assemblée générale n'ont pas voix délibérative. — Cette approbation ne fait pas obstacle à l'exercice ultérieur de l'action qui peut être intentée pour cause de dol ou de fraude.

Art. 6. — Une assemblée générale est, dans tous les cas, convoquée à la diligence des fondateurs, postérieurement à l'acte qui constate la souscription du capital social et le versement du quart du capital qui consiste en numéraire. Cette assemblée nomme les premiers administrateurs ; elle nomme également pour la première année les commissaires institués par l'article 15. — Ces administrateurs ne peuvent être nommés pour plus de six ans ; ils sont rééligibles, sauf stipulation contraire. — Le procès-verbal de la séance constate l'acceptation des administrateurs et des commissaires présents à la réunion. — La Société est constituée à partir de cette acceptation.

Art. 7. — Les administrateurs doivent être propriétaires, par parts égales, d'un vingtième du capital social. — Les actions formant ce vingtième sont affectées à la garantie de la gestion des administrateurs. — Elles sont nominatives, inaliénables, frappées d'un timbre indiquant l'inaliénabilité et déposées dans la caisse sociale.

Art. 8. — Dans la quinzaine de la constitution de la Société, les administrateurs sont tenus de déposer au greffe du tribunal de commerce : 1° une expédition de l'acte de Société et de l'acte constatant la souscription du capital et du versement du quart; 2° une copie certifiée des délibérations prises par l'assemblée générale dans les cas prévus par les articles 4, 5 et 6, et de la liste nominative des souscripteurs, contenant les nom, prénoms, qualités, demeure et le nombre d'actions de chacun d'eux. — Toute personne a le droit de prendre communication des pièces sus-mentionnées et même de s'en faire délivrer une copie à ses frais. — Les mêmes documents doivent être affichés d'une manière apparente dans les bureaux de la Société.

Art. 9. — Dans le même délai de quinzaine, un extrait des actes et délibérations énoncés dans l'article précédent est transcrit, publié et affiché suivant le mode prescrit par l'article 42 du code de commerce. — L'extrait doit contenir : les noms, prénoms, qualités et demeures des administrateurs ; la désignation de la Société, de son objet et du siége social; la mention qu'elle est à responsabilité limitée, l'énonciation du montant du capital social, tant en numéraire qu'en autres objets; la quotité à prélever sur les bénéfices pour composer le fonds de réserve ; l'époque où la Société commence et celle où elle doit finir, et la date du dépôt au greffe du tribunal de commerce, prescrit par l'article 8. — L'extrait est signé par les administrateurs de la Société.

Art. 10. — Tous actes et délibérations ayant pour objet la modification des statuts, la continuation de la Société au-delà du terme fixé pour sa durée; la dissolution avant ce terme et le mode de liquidation sont soumis aux formalités prescrites par les articles 8 et 9.

Art. 11. — Dans tous les actes, factures, annonces, publications et autres documents émanés des Sociétés à responsabilité limitée, la dénomination sociale doit toujours être précédée ou suivie immédiatement de ces mots, écrits lisiblement en toutes lettres : *Société à responsabilité limitée*, et de l'énonciation du montant du capital social.

Art. 12. — Il est tenu, chaque année au moins, une assemblée générale à l'époque fixée par les statuts. Les statuts déterminent le nombre d'actions qu'il est nécessaire de posséder, soit à titre de propriétaire, soit à titre de mandataire, pour être admis dans l'assemblée, et le nombre de voix appartenant à chaque actionnaire, eu égard au nombre d'actions dont il est porteur. — Néanmoins, dans les premières assemblées générales appelées à statuer dans les cas prévus par les articles 4, 5 et 6, tous les actionnaires sont admis avec voix délibérative.

Art. 13. — Dans toutes les assemblées générales, les délibérations sont prises à la majorité des voix. — Il est tenu une feuille de présence ; elle contient les noms et domiciles des actionnaires et le nombre d'actions dont chacun d'eux est porteur. — Cette feuille, certifiée par le bureau de l'assemblée, est déposée au siége social et doit être communiquée à tout requérant.

Art. 14. — Les assemblées générales doivent être composées d'un nombre d'actionnaires représentant le quart au moins du capital social. — Si l'assemblée générale ne réunit pas ce nombre, une nouvelle assemblée est convoquée, et elle délibère valablement, quelle que soit la portion du capital représentée par les actionnaires présents. — Mais les assemblées qui délibèrent sur l'objet indiqué dans l'article 5, sur la nomination des premiers administrateurs, dans le cas prévu par l'article 6, sur les modifications aux statuts, sur des propositions de continuation de la Société au-delà du terme fixé pour sa durée ou de dissolution avant ce terme, ne sont régulièrement constituées et ne délibèrent valablement qu'autant qu'elles sont composées d'un nombre d'actionnaires représentant la moitié au moins du capital social. — Lorsque l'assemblée délibère sur l'objet indiqué dans l'article 5, le capital social, dont la moitié doit être représentée, se compose seulement des apports non soumis à vérification.

Art. 15. — L'assemblée générale annuelle désigne un ou plusieurs commissaires, associés ou non, chargés de faire un rapport à l'assemblée générale de l'année suivante sur la situation de la Société, sur le bilan et sur les comptes présentés par les administrateurs. — La délibération contenant approbation du bilan et des comptes est nulle, si elle n'a été précédée du rapport des commissaires. — A défaut de nomination des commissaires par l'assemblée générale, ou en cas d'empêchement ou de refus d'un ou de plusieurs commissaires nommés, il est procédé à leur nomination ou à leur remplacement par ordonnance du président du tribunal de commerce du siége de la Société, à la requête de tout intéressé, les administrateurs dûment appelés.

Art. 16. — Les commissaires ont droit toutes les fois qu'ils le jugent convenable, dans l'intérêt social, de prendre communication des livres, d'examiner les opérations de la Société et de convoquer l'assemblée générale.

Art. 17. — Toute Société à responsabilité limitée doit dresser, chaque trimestre, un état résumant sa situation active et passive. — Cet état est mis à la disposition des commissaires. — Il est, en outre, établi chaque année un inventaire contenant l'indication des valeurs mobilières et immobilières, et de toutes les dettes actives et passives de la Société. — Cet inventaire est présenté à l'assemblée générale.

Art. 18. — Quinze jours au moins avant la réunion de l'assemblée générale, une copie du bilan résumant l'inventaire et du rapport des commissaires, est adressée à chacun des actionnaires connus et déposée au greffe du tribunal de commerce. — Tout actionnaire peut, en outre, prendre au siége social communication de l'inventaire et de la liste des actionnaires.

Art. 19. — Il est fait annuellement sur les bénéfices nets un prélèvement d'un vingtième au moins, affecté à la formation d'un fonds de réserve. — Ce prélèvement cesse d'être obligatoire lorsque le fonds de réserve a atteint le dixième du capital social.

Art. 20. — En cas de perte des trois quarts du capital social, les administrateurs sont tenus de provoquer la réunion de l'assemblée générale de tous les actionnaires, à l'effet de statuer sur la question de savoir s'il y a lieu de prononcer la dissolution de la Société. — La résolution de l'assemblée est, dans tous les cas, rendue publique dans les formes prescrites par l'article 8. A défaut, par les administrateurs, de réunir l'assemblée générale, tout intéressé peut demander la dissolution de la Société devant les tribunaux.

Art. 21. — La dissolution doit être prononcée, sur la demande de tout intéressé, lorsque six mois se sont écoulés depuis l'époque où le nombre des associés a été réduit à moins de sept.

Art. 22. — Des associés représentant le vingtième au moins du capital social peuvent, dans un intérêt commun, charger à leurs frais un ou plusieurs mandataires d'intenter une action contre les administrateurs à raison de leur gestion, sans préjudice de l'action que chaque associé peut intenter individuellement en son nom personnel.

Art. 23. — Il est interdit aux administrateurs de prendre ou de conserver un intérêt direct ou indirect dans une opération quelconque, faite avec la Société ou pour son compte, à moins qu'ils n'y soient autorisés par l'assemblée générale pour certaines opérations spécialement déterminées.

Art. 24. — Est nulle et de nul effet à l'égard des intéressés, toute Société à responsabilité limitée pour laquelle n'ont pas été observées les dispositions des articles 1, 3, 4, 5, 6, 7, 8 et 9. — Sont également nuls les actes et délibérations désignés dans l'article 10, s'ils n'ont point été disposés et publiés dans les formes prescrites par les articles 8 et 9. — Cette nullité ne peut être opposée aux tiers par les associés.

Art. 25. — Lorsque la nullité de la Société ou des actes et délibérations a été prononcée, aux termes de l'article 24 ci-dessus, les fondateurs auxquels la nullité est imputable et les administrateurs en fonctions au moment où elle a été encourue sont responsables solidairement et par corps envers les tiers, sans préjudice des droits des actionnaires. — La même responsabilité solidaire peut être prononcée contre ceux des associés dont les apports ou les avantages n'auraient pas été vérifiés et approuvés conformément à l'article 5.

Art. 26. — L'étendue et les effets de la responsabilité des commissaires envers la Société sont déterminés d'après les règles générales du mandat.

Art. 27. — Les administrateurs sont responsables, conformément aux règles du droit commun, soit envers la Société, soit envers les tiers, de tous dommages-intérêts résultant des infractions aux dispositions de la présente loi et des fautes par eux commises dans leur gestion. — Ils sont tenus solidairement du préjudice qu'ils peuvent avoir causé soit aux tiers, soit aux associés, en distribuant ou en laissant distribuer sans opposition des dividendes qui, d'après l'état de la Société constaté par les inventaires, n'étaient pas réellement acquis.

ART. 28. — Toute contravention à la prescription de l'article 11 est punie d'une amende de cinquante francs à mille francs.

ART. 29. — Sont punis d'une amende de cinq cents francs à dix mille francs ceux qui, en se présentant comme propriétaires d'actions ou de coupons d'actions qui ne leur appartiennent pas, ont créé frauduleusement une majorité factice dans une assemblée générale sans préjudice de tous dommages-intérêts, s'il y a lieu, envers la Société ou envers les tiers. — La même peine est applicable à ceux qui ont remis les actions pour en faire l'usage frauduleux.

ART. 30. — L'émission d'actions faite en contravention à l'article 3 est punie d'un emprisonnement de huit jours à six mois et d'une amende de cinq cents francs à dix mille francs, ou de l'une de ces peines seulement. — La négociaton d'actions ou coupons d'actions faite contrairement aux dispositions du même article 3 est punie d'une amende de cinq cents francs à dix mille francs. — Sont punies de la même peine toute participation à ces négociations et toute publication de la valeur des dites actions.

ART. 31. — Sont punis des peines portées par l'article 405 du code pénal, sans préjudice de l'application de cet article à tous les faits constitutifs du délit d'escroquerie : — 1° ceux qui, par simulation de souscriptions ou de versements, ou par la publication faite de mauvaise foi de souscriptions ou de versements qui n'existent pas, ou de tous autres faits faux, ont obtenu ou tenté d'obtenir des souscriptions ou des versements ; 2° ceux qui, pour provoquer des souscriptions ou des versements ont, de mauvaise foi, publié les noms de personnes désignées, contrairement à la vérité, comme étant ou devant être attachées à la Société à un titre quelconque ; 3° les administrateurs qui, en l'absence d'inventaires ou au moyen d'inventaires frauduleux, ont opéré ou laissé opérer, sciemment et sans opposition, la répartition de dividendes non réellement acquis.

Art. 32. — L'article 463 du code pénal est applicable aux faits prévus par la présente loi.

Décret impérial du 9-30 août 1864.

Portant règlement pour le cas où, sur des demandes d'autorisation de Sociétés anonymes, il y a lieu de procéder à l'expertise des apports sociaux.

Art. 1er. — Lorsque sur des demandes d'autorisation de Sociétés anonymes, il y a lieu de procéder à l'expertise des apports sociaux, les experts sont nommés par les préfets des départements et par le préfet de police à Paris. — Ces administrateurs règlent, suivant chaque espèce, les frais et honoraires d'expertise, sauf recours à notre ministre de l'agriculture, du commerce et des travaux publics.

Art. 2. — L'arrêté préfectoral qui ordonnera l'expertise, visera le présent règlement et sera notifié aux experts nommés, ainsi qu'aux parties chargées de poursuivre l'autorisation de la Société anonyme.

Décret impérial du 11-19 décembre 1864.

Relatif à la perception du droit de transmission établi sur les titres des Sociétés, Compagnies et entreprises étrangères.

Art. 1er. — *A partir du 1er janvier 1865, le droit de*

transmission établi par l'article 9 de la loi du 23 juin 1857 et par l'article 10 de notre décret du 17 juillet suivant, sur les titres des Sociétés, Compagnies et entreprises étrangères, *sera perçu sur la moitié du capital représenté par les actions et sur la totalité des obligations.*

ART. 2. — Sont maintenues les dispositions de notre décret du 12 janvier 1862 qui ne sont pas contraires à l'article qui précède.

Loi sur les Sociétés du 24 juillet 1867.

—

TITRE Ier.

DES SOCIÉTÉS EN COMMANDITE PAR ACTIONS

—

ART. 1er. — Les Sociétés en commandite ne peuvent diviser leur capital en actions ou coupons d'actions de moins de cent francs lorsque ce capital n'excède pas deux cent mille francs, et de moins de cinq cents francs lorsqu'il est supérieur.

Elles ne peuvent être définitivement constituées qu'*après la souscription de la totalité du capital social,* et le versement, par chaque actionnaire, *du quart* au moins *du montant des actions par lui souscrites.*

Cette souscription et ces versements sont constatés par une déclaration du gérant dans un acte notarié.

A cette déclaration sont annexés la liste des souscripteurs, l'état des versements effectués, l'un des doubles de l'acte de Société, s'il est sous seing privé, et une expédition, s'il est notarié et s'il a été passé devant un notaire autre que celui qui a reçu la déclaration.

L'acte sous seing privé, quel que soit le nombre des associés, sera fait en double original, dont l'un sera annexé comme il est dit au paragraphe qui précède, à la déclaration de souscription du capital et de versement du quart, et l'autre restera déposé au siége social.

Art. 2. — Les actions ou coupons d'actions sont négociables après le versement du quart.

Art. 3. — Il peut être stipulé, mais seulement par les statuts constitutifs de la Société, que les actions ou coupons d'actions pourront, après avoir été libérés de moitié, être couvertes en actions au porteur par délibération de l'assemblée générale.

Soit que les actions restent nominatives après cette délibération, soit qu'elles aient été converties en actions au porteur, *les souscripteurs primitifs qui ont aliéné les actions et ceux auxquels ils les ont cédées, avant le versement de moitié, restent tenus au payement du montant de leurs actions* PENDANT UN DÉLAI DE DEUX ANS, *à partir de la délibération de l'assemblée générale.*

Art. 4. — Lorsqu'un associé fait un apport qui ne consiste pas en numéraire, on stipule à son profit des avantages particuliers ; la première assemblée générale fait apprécier la valeur de l'apport ou la cause des avantages stipulés.

La Société n'est définitivement constituée qu'après l'approbation de l'apport ou des avantages, donnée par une autre assemblée générale, après une nouvelle convocation.

La seconde assemblée générale ne pourra statuer sur l'approbation de l'apport ou des avantages qu'après un rapport qui sera imprimé et tenu à la disposition des actionnaires, cinq jours au moins avant la réunion de cette assemblée.

Les délibérations sont prises par la majorité des actionnaires présents. Cette majorité doit comprendre le quart des actionnaires et représenter le quart du capital social en numéraire.

Les associés qui ont fait l'apport ou stipulé des avantages particuliers soumis à l'appréciation de l'assemblée n'ont pas voix délibérative.

A défaut d'approbation, la Société reste sans effet à l'égard de toutes les parties.

L'approbation ne fait pas obstacle à l'exercice ultérieur de l'action qui peut être intentée pour cause de dol ou de fraude.

Les dispositions du présent article, relatives à la vérification de l'apport qui ne consiste pas en numéraire, ne sont pas applicables au cas où la Société à laquelle est fait ledit apport est formée entre ceux seulement qui en étaient propriétaires par indivis.

Art. 5. — Un conseil de surveillance, composé de trois actionnaires au moins, est établi dans chaque Société en commandite par actions.

Ce conseil est nommé par l'assemblée générale des actionnaires immédiatement après la constitution définitive de la Société et avant toute opération sociale.

Il est soumis à la réélection aux époques et suivant les conditions déterminées par les statuts.

Toutefois le premier conseil n'est nommé que pour une année.

Art. 6. — Ce premier conseil doit, immédiatement après sa nomination, vérifier si toutes les dispositions contenues dans les articles qui précèdent ont été observées.

Art. 7. — Est nulle et de nul effet à l'égard des intéressés toute Société en commandite par actions constituée contrairement aux prescriptions des articles 1er, 2, 3, 4 et 5 de la présente loi.

Cette nullité ne peut être opposée aux tiers par les associés.

Art. 8. — Lorsque la Société est annulée aux termes de l'article précédent, les membres du premier conseil de surveillance peuvent être déclarés responsables, avec le gérant, du dommage résultant, pour la Société ou pour les tiers, de l'annulation de la Société.

La même responsabilité peut être prononcée contre ceux des associés dont les apports ou les avantages n'auraient pas été vérifiés et approuvés conformément à l'article 4 ci-dessus.

Art. 9. — Les membres du conseil de surveillance n'encourent aucune responsabilité en raison des actes de la gestion et de leurs résultats.

Chaque membre du conseil de surveillance est responsable de ses fautes personnelles, dans l'exécution de son mandat, conformément aux règles du droit commun.

Art. 10. — Les membres du conseil de surveillance vérifient les livres, la caisse, le portefeuille et les valeurs de la Société.

Ils font chaque année, à l'assemblée générale, un rapport dans lequel ils doivent signaler les irrégularités et inexactitudes qu'ils ont reconnues dans les inventaires, et constater, s'il y a lieu, les motifs qui s'opposent aux distributions des dividendes proposés par le gérant.

Aucune répétition de dividendes ne peut être exercée contre les actionnaires, si ce n'est dans le cas où la distribution en aura été faite en l'absence de tout inventaire ou en dehors des résultats constatés par l'inventaire.

L'action en répétition, dans le cas où elle est ouverte, se prescrit par cinq ans, à partir du jour fixé pour la distribution des dividendes.

Les prescriptions commencées à l'époque de la promulgation de la présente loi, et pour lesquelles il faudrait encore, suivant les lois anciennes, plus de cinq ans, à partir de la même époque, seront accomplies par ce laps de temps.

ART. 11. — Le conseil de surveillance peut convoquer l'assemblée générale et, conformément à son avis, provoquer la dissolution de la Société.

ART. 12. — Quinze jours au moins avant la réunion de l'assemblée générale, tout actionnaire peut prendre par lui ou par un fondé de pouvoir, au siége social, communication du bilan, des inventaires et du rapport du conseil de surveillance.

ART. 13. — L'émission d'actions ou de coupons d'actions d'une Société constituée contrairement aux prescriptions des articles 1er, 2 et 3 de la présente loi, est punie d'une amende de cinq cents à dix mille francs.

Sont punis de la même peine :

Le gérant qui commence les opérations sociales avant l'entrée en fonctions du conseil de surveillance ;

Ceux qui, en se présentant comme propriétaires d'actions ou de coupons d'actions qui ne leur appartiennent pas, ont créé frauduleusement une majorité factice dans une assemblée générale, sans préjudice de tous dommages-intérêts, s'il y a lieu, envers la Société ou envers les tiers ;

Ceux qui ont remis les actions pour en faire un usage frauduleux.

Dans les cas prévus par les deux paragraphes précédents, la peine de l'emprisonnement de quinze jours à six mois peut, en outre, être prononcée.

ART. 14. — La négociation d'actions ou de coupons d'actions, dont la valeur ou la forme serait contraire aux dispositions des articles 1er, 2 et 3 de la présente loi, ou pour lesquels le versement du quart n'aurait pas été effectué conformément à l'article 2 ci-dessus, est punie d'une amende de cinq cents à dix mille francs.

Sont punies de la même peine toute participation à ces négociations et toute publication de la valeur des dites actions.

Art. 15. — Sont punis des peines portées par l'article 405 du code pénal, sans préjudice de l'application de cet article, à tous les faits constitutifs du délit d'escroquerie :

1° Ceux qui, par simulation de souscriptions ou de versements, ou par publication, faite de mauvaise foi, de souscriptions ou de versements qui n'existent pas, ou de tous autres faits faux, ont obtenu ou tenté d'obtenir des souscriptions ou des versements ;

2° Ceux qui, pour provoquer des souscriptions ou des versements ont, de mauvaise foi, publié les noms de personnes désignées, contrairement à la vérité, comme étant ou devant être attachées à la Société à un titre quelconque ;

3° Les gérants qui, en l'absence d'inventaires ou au moyen d'inventaires frauduleux, ont opéré entre les actionnaires la répartition de dividendes fictifs.

Les membres du conseil de surveillance ne sont pas civilement responsables des délits commis par le gérant.

Art. 16. — L'article 463 du code pénal est applicable aux faits prévus par les trois articles qui précèdent.

Art. 17. — Des actionnaires représentant le vingtième au moins du capital social peuvent, dans un intérêt commun, charger à leurs frais un ou plusieurs mandataires de soutenir, tant en demandant qu'en défendant, une action contre les gérants ou contre les membres du conseil de surveillance, et de les représenter, en ce cas, en justice, sans préjudice de l'action que chaque actionnaire peut intenter individuellement en son nom personnel.

Art. 18. — Les Sociétés antérieures à la loi du 17 juillet 1856, et qui ne se seraient pas conformées à l'article 15 de cette loi, seront tenues, dans un délai de six mois, de constituer un conseil de surveillance, conformément aux dispositions qui précèdent.

A défaut de constitution du conseil de surveillance dans le délai ci-dessus fixé, chaque actionnaire a le droit de faire prononcer la dissolution de la Société.

Art. 19. — Les Sociétés en commandite par actions antérieures à la présente loi, dont les statuts permettent la transformation en Société anonyme autorisée par le gouvernement, pourront se convertir en Société anonyme dans les termes déterminés par le titre II de la présente loi, en se conformant aux conditions stipulées dans les statuts pour la transformation.

Art. 20. — Est abrogée la loi du 17 juillet 1856.

TITRE II.

Des Sociétés anonymes.

Art. 21. — A l'avenir, les Sociétés anonymes pourront se former sans l'autorisation du gouvernement.

Elles pourront, quel que soit le nombre des associés, être formées par un acte sous seing privé fait en double original.

Elles seront soumises aux dispositions des articles 29, 30, 32, 33, 34 et 36 du code de commerce et aux dispositions contenues dans le présent titre.

Art. 22. — Les Sociétés anonymes sont administrées par un ou plusieurs mandataires à temps, révocables, salariés ou gratuits, pris parmi les associés.

Ces mandataires peuvent choisir parmi eux un directeur, ou, si les statuts le permettent, se substituer un mandataire étranger à la Société et dont ils sont responsables envers elle.

Art. 23. — *La Société ne peut être constituée si le nombre des associés est inférieur à sept.*

Art. 24. — Les dispositions des articles 1er, 2, 3 et 4 de la présente loi sont applicables aux Sociétés anonymes.

La déclaration imposée au gérant par l'article 1er est faite par les fondateurs de la Société anonyme ; elle est soumise, avec les pièces à l'appui, à la première assemblée générale, qui en vérifie la sincérité.

Art. 25. — Une assemblée générale est, dans tous les cas, convoquée, à la diligence des fondateurs, postérieurement à l'acte qui constate la souscription du capital social et le versement du quart du capital, qui consiste en numéraire. Cette assemblée nomme les premiers administrateurs ; elle nomme également, pour la première année, les commissaires institués par l'article 32 ci-après.

Ces administrateurs ne peuvent être nommés pour plus de six ans : ils sont rééligibles, sauf stipulation contraire.

Toutefois, ils peuvent être désignés par les statuts, avec stipulation formelle que leur nomination ne sera point soumise à l'approbation de l'assemblée générale. En ce cas, ils ne peuvent être nommés pour plus de trois ans.

Le procès-verbal de la séance constate l'acceptation des administrateurs et des commissaires présents à la réunion.

La Société est constituée à partir de cette acceptation.

Art. 26. — Les administrateurs doivent être propriétaires d'un nombre d'actions déterminé par les statuts.

Ces actions sont affectées en totalité à la garantie de tous les actes de la gestion, même de ceux qui seraient exclusivement personnels à l'un des administrateurs.

Elles sont nominatives, inaliénables, frappées d'un timbre indiquant l'inaliénabilité et déposées dans la caisse sociale.

ART. 27. — Il est tenu, chaque année au moins, une assemblée générale à l'époque fixée par les statuts. *Les statuts déterminent le nombre d'actions qu'il est nécessaire de posséder*, soit à titre de propriétaire, soit à titre de mandataire, pour être admis dans l'assemblée, et le nombre de voix appartenant à chaque actionnaire, eu égard au nombre d'actions dont il est porteur.

Néanmoins, dans les assemblées générales appelées à vérifier les apports, à nommer les premiers administrateurs et à vérifier la sincérité de la déclaration des fondateurs de la Société, prescrite par le deuxième paragraphe de l'article 24, tout actionnaire, quel que soit le nombre des actions dont il est porteur, peut prendre part aux délibérations avec le nombre de voix déterminé par les statuts, sans qu'il puisse être supérieur à dix.

ART. 28. — Dans toutes les assemblées générales, les délibérations sont prises à la majorité des voix.

Il est tenu une feuille de présence ; elle contient les noms et domicile des actionnaires et le nombre d'actions dont chacun d'eux est porteur.

Cette feuille, certifiée par le bureau de l'assemblée, est déposée au siége social et doit être communiquée à tout requérant.

ART. 29. — Les assemblées générales qui ont à délibérer dans des cas autres que ceux qui sont prévus par les deux articles qui suivent, doivent être composées d'un nombre d'actionnaires représentant le quart au moins du capital social.

Si l'assemblée générale ne réunit pas ce nombre, une nouvelle assemblée est convoquée dans les formes et avec les délais prescrits par les statuts, et elle délibère valablement, quelle que soit la portion du capital représenté par les actionnaires présents.

Art. 30. — Les assemblées qui ont à délibérer sur la vérification des apports, sur la nomination des premiers administrateurs, sur la sincérité de la déclaration faite par les fondateurs aux termes du paragraphe 2 de l'article 24, doivent être composées d'un nombre d'actionnaires représentant la moitié au moins du capital social.

Le capital social, dont la moitié doit être représentée pour la vérification de l'apport, se compose seulement des apports non soumis à vérification.

Si l'assemblée générale ne réunit pas un nombre d'actionnaires représentant la moitié du capital social, elle ne peut prendre qu'une délibération provisoire. Dans ce cas, une nouvelle assemblée générale est convoquée. Deux avis, publiés à huit jours d'intervalle, au moins un mois à l'avance, dans l'un des journaux désignés pour recevoir les annonces légales, font connaître aux actionnaires les résolutions provisoires adoptées par la première assemblée, et ces résolutions deviennent définitives si elles sont approuvées par la nouvelle assemblée, composée d'un nombre d'actionnaires représentant le cinquième au moins du capital social.

Art. 31. — Les assemblées qui ont à délibérer sur des modifications aux statuts ou sur des propositions de continuation de la Société au-delà du terme fixé pour sa durée, ou de dissolution avant ce terme, ne sont régulièrement constituées et ne délibèrent valablement qu'autant qu'elles sont composées d'un nombre d'actionnaires représentant la moitié au moins du capital social.

Art. 32. — L'assemblée générale annuelle désigne un ou plusieurs commissaires, associés ou non, chargés de faire un rapport à l'assemblée générale de l'année suivante sur la situation de la Société, sur le bilan et sur les comptes présentés par les administrateurs.

La délibération contenant approbation du bilan et des comptes est nulle, si elle n'a été précédée du rapport des commissaires.

A défaut de nomination des commissaires par l'assemblée générale, ou en cas d'empêchement ou de refus d'un ou de plusieurs des commissaires nommés, il est procédé à leur nomination ou à leur remplacement par ordonnance du président du tribunal de commerce du siége de la Société à la requête de tout intéressé, les administrateurs dûment appelés.

Art. 33. — Pendant le trimestre qui précède l'époque fixée par les statuts pour la réunion de l'assemblée générale, les commissaires ont droit, toutes les fois qu'ils le jugent convenable dans l'intérêt social, de prendre communication des livres et d'examiner les opérations de la Société.

Art. 34. — Toute Société anonyme doit dresser, chaque semestre, un état sommaire de sa situation active et passive.

Cet état est mis à la disposition des commissaires.

Il est, en outre, établi chaque année, conformément à l'article 9 du code de commerce, un inventaire contenant l'indication des valeurs mobilières et immobilières, et de toutes les dettes actives et passives de la Société.

L'inventaire, le bilan et le compte des profits et pertes sont mis à la disposition des commissaires le quarantième jour, au plus tard, avant l'assemblée générale. Ils sont présentés à cette assemblée.

ART. 35. — Quinze jours au moins avant la réunion de l'assemblée générale, tout actionnaire peut prendre, au siége social, communication de l'inventaire et de la liste des actionnaires, et se faire délivrer copie du bilan résumant l'inventaire et du rapport des commissaires.

ART. 36. — Il est fait annuellement, sur les bénéfices nets, un prélèvement d'un vingtième au moins, affecté à la formation d'un fonds de réserve.

Ce prélèvement cesse d'être obligatoire lorsque le fonds de réserve a atteint le dixième du capital social.

ART. 37. — En cas de perte des trois quarts du capital social, les administrateurs sont tenus de provoquer la réunion de l'assemblée générale, comme dans le cas où cette assemblée n'aurait pu se constituer régulièrement, tout intéressé peut demander la dissolution de la Société devant les tribunaux.

ART. 38. — La dissolution peut être prononcée sur la demande de toute partie intéressée, lorsqu'un an s'est écoulé depuis l'époque où le nombre des associés est réduit à moins de sept.

ART. 39. — L'article 17 est applicable aux Sociétés anonymes.

ART. 40. — Il est interdit aux administrateurs de prendre ou de conserver un intérêt direct ou indirect dans une entreprise ou dans un marché fait avec la Société ou pour son compte, à moins qu'ils n'y soient autorisés par l'assemblée générale.

Il est, chaque année, rendu à l'assemblée générale un compte spécial de l'exécution des marchés ou entreprises par elle autorisés, aux termes du paragraphe précédent.

Art. 41. — Est nulle et de nul effet, à l'égard des iutéressés, toute Société anonyme pour laquelle n'ont pas été observées les dispositions des articles 22, 23, 24 et 25 ci-dessus.

Art. 42. — *Lorsque la nullité de la Société ou des actes et délibérations a été prononcée aux termes de l'article précédent, les fondateurs auxquels la nullité est imputable* ET *les administrateurs en fonctions au moment où elle a été encourue sont responsables* SOLIDAIREMENT *envers les tiers, sans préjudice des droits des actionnaires.*

La même responsabilité solidaire peut être prononcée contre ceux des associés dont les apports ou les avantages n'auraient pas été vérifiés et approuvés conformément à l'article 24.

Art. 43. — L'étendue et les effets de la responsabilité des commissaires envers la Société sont déterminés d'après les règles générales du mandat.

Art. 44. — Les administrateurs sont responsables, conformément aux règles du droit commun, individuellement ou solidairement suivant les cas, envers la Société ou envers les tiers, soit des fautes qu'ils auraient commises dans leur gestion, notamment en distribuant ou en laissant distribuer sans opposition des dividendes fictifs.

Art. 45. — Les dispositions des articles 13, 14, 15 et 16 de la présente loi sont applicables en matière de Sociétés anonymes, sans distinction entre celles qui sont actuellement existantes et celles qui se constitueront sous l'empire de la présente loi. Les administrateurs qui, en l'absence d'inventaire ou au moyen d'inventaires frauduleux, auront opéré des dividendes fictifs, seront punis de la peine qui est prononcée dans ce cas par le n° 3 de l'article 15 contre les gérants des Sociétés en commandite.

Sont également applicables en matière de Sociétés anonymes les dispositions des trois derniers paragraphes de l'article 10.

Art. 46. — Les Sociétés anonymes actuellement existantes continueront à être soumises, pendant toute leur durée, aux dispositions qui les régissent.

Elles pourront se transformer en Sociétés anonymes dans les termes de la présente loi, en obtenant l'autorisation du gouvernement et en observant les formes prescrites pour la modification de leurs statuts.

Art. 47. — Les Sociétés à responsabilité limitée pourront se convertir en Sociétés anonymes dans les termes de la présente loi, en se conformant aux conditions stipulées pour la modification de leurs statuts.

Sont abrogés les articles 31, 37 et 40 du code de commerce, et la loi du 23 mai 1863, sur les Sociétés à responsabilité limitée.

TITRE III.

Dispositions particulières aux Sociétés à capital variable.

Art. 48. — Il peut être stipulé, dans les statuts de toute Société, que le capital social sera susceptible d'augmentation par des versements successifs faits par les associés ou l'admission d'associés nouveaux, et de diminution par la reprise totale ou partielle des apports effectués.

Les Sociétés dont les statuts contiendront la stipulation ci-dessus seront soumises, indépendamment des règles générales qui leur sont propres suivant leur forme spéciale, aux dispositions des articles suivants.

Art. 49. — Le capital social ne pourra être porté par les statuts constitutifs de la Société au-dessus de la somme de deux cent mille francs.

Art. 50. — *Les actions ou coupons d'actions seront nominatifs même après leur entière libération ; ils ne pourront être inférieurs à cinquante francs.*

Ils ne seront négociables qu'après la constitution définitive de la Société.

La négociation ne pourra avoir lieu que par voie de transfert sur les registres de la Société, et les statuts pourront donner, soit au conseil d'administration, soit à l'assemblée générale, le droit de s'opposer au transfert.

Art. 51. — Les statuts détermineront une somme au-dessous de laquelle le capital ne pourra être réduit par les reprises des apports autorisés par l'article 48. Cette somme ne pourra être inférieure au dixième du capital social.

La Société ne sera définitivement constituée qu'après le versement du dixième.

Art. 52. — Chaque associé pourra se retirer de la Société lorsqu'il le jugera convenable, à moins de conventions contraires et sauf l'application du paragraphe 1er de l'article précédent.

Il pourra être stipulé que l'assemblée générale aura le droit de décider, à la majorité fixée pour la modification des statuts, que l'un ou plusieurs des associés cesseront de faire partie de la Société.

L'associé qui cessera de faire partie de la Société, soit par l'effet de sa volonté, soit par suite de décision de l'assemblée générale, restera tenu, pendant cinq ans, envers les associés et envers les tiers, de toutes les obligations existant au moment de sa retraite.

Art. 53. — La Société, quelle que soit sa forme,

sera valablement représentée en justice par ses administrateurs.

Art. 54. — La Société ne sera point dissoute par la mort, la retraite, l'interdiction, la faillite ou la déconfiture de l'un des associés; elle continuera de plein droit entre les autres associés.

—

TITRE IV.

Dispositions relatives à la publication des actes de Société.

—

Art. 55. — Dans le mois de la constitution de toute Société commerciale, un double de l'acte constitutif, s'il est sous seing privé, ou une expédition, s'il est notarié, est déposé aux greffes de la justice de paix et du tribunal de commerce du lieu dans lequel est établie la Société.

A l'acte constitutif des Sociétés en commandite par actions et des Sociétés anonymes sont annexées : 1° une expédition de l'acte notarié constatant la souscription du capital social et le versement du quart ; 2° une copie certifiée des délibérations prises par l'assemblée générale dans les cas prévus par les articles 4 et 24.

En outre, lorsque la Société est anonyme, on doit annexer à l'acte constitutif la liste nominative, dûment certifiée, des souscripteurs, contenant les nom, prénoms, qualités, demeure et le nombre d'actions de chacun d'eux.

Art. 56. — Dans le même délai d'un mois, un extrait de l'acte constitutif et des pièces annexées est publié dans l'un des journaux désignés pour recevoir les annonces légales.

Il sera justifié de l'insertion par un exemplaire du

journal certifié par l'imprimeur, légalisé par le maire et enregistré dans les trois mois de sa date.

Les formalités prescrites par l'article précédent et par le présent article seront observées, à peine de nullité, à l'égard des intéressés ; mais le défaut d'aucune d'elles ne pourra être opposé aux tiers par les associés.

ART. 57. — L'extrait doit contenir les noms des associés autres que les actionnaires ou commanditaires ; la raison de commerce ou la dénomination adoptée par la Société et l'indication du siége social ; la désignation des associés autorisés à gérer, administrer et signer pour la Société ; le montant du capital social et le montant des valeurs fournies ou à fournir par les actionnaires ou commanditaires ; l'époque où la Société commence, celle où elle doit finir, et la date du dépôt fait aux greffes de la justice de paix et du tribunal de commerce.

ART. 58. — L'extrait doit énoncer que la Société est en nom collectif ou en commandite simple, ou en commandite par actions, ou anonyme ou à capital variable.

Si la Société est anonyme, l'extrait doit énoncer le montant du capital social en numéraire et en autres objets, la quotité à prélever sur les bénéfices pour composer le fonds de réserve.

Enfin si la Société est à capital variable, l'extrait doit contenir l'indication de la somme au-dessous de laquelle le capital social ne peut être réduit.

ART. 59. — Si la Société a plusieurs maisons de commerce situées dans divers arrondissements, le dépôt prescrit par l'article 55 et la publication prescrite par l'article 56 ont lieu dans chacun des arrondissements ou existent les maisons de commerce.

Dans les villes divisées en plusieurs arrondissements, le dépôt sera fait seulement au greffe de la justice de paix du principal établissement.

Art. 60. — L'extrait des actes et pièces déposés est signé, pour les actes publics, par le notaire, et pour les actes sous seing privé, par les associés en nom collectif, par les gérants des Sociétés en commandite ou par les administrateurs des Sociétés anonymes.

Art. 61. — Sont soumis aux formalités et aux pénalités prescrites par les articles 55 et 56 :

Tous actes et délibérations ayant pour objet la modification des statuts, la continuation de la Société au-delà du terme fixé pour sa durée, la dissolution avant ce terme et le mode de liquidation, tout changement ou retraite d'associés et tout changement à la raison sociale.

Sont également soumises aux dispositions des articles 55 et 56 les délibérations prises dans les cas prévus par les articles 19, 37, 46, 47 et 49 ci-dessus.

Art. 62. — Ne sont pas assujettis aux formalités de dépôt et de publication les actes constatant les augmentations ou les diminutions du capital social opérées dans les termes de l'article 48, ou les retraites d'associés, autres que les gérants, ou les administrateurs, qui auraient lieu conformément à l'article 52.

Art. 63. — Lorsqu'il s'agit d'une Société en commandite par actions ou d'une Société anonyme, toute personne a le droit de prendre communication des pièces déposées aux greffes de la justice de paix et du tribunal de commerce, ou même de s'en faire délivrer à ses frais expédition ou extrait par le greffier ou par le notaire détenteur de la minute.

Toute personne peut également exiger qu'il lui soit délivré au siége de la Société une copie certifiée des statuts, moyennant paiement d'une somme qui ne pourra excéder un franc.

Enfin, les pièces déposées doivent être affichées

d'une manière apparente dans les bureaux de la Société.

Art. 64. — Dans tous les actes, factures, annonces, publications et autres documents *imprimés* ou *autographiés*, émanés des Sociétés anonymes ou des Sociétés en commandite par actions, la dénomination sociale doit toujours être précédée ou suivie immédiatement de ces mots, écrits lisiblement en toutes lettres : *Société anonyme*, ou *Société en commandite par actions*, et de l'énonciation du montant du capital social.

Si la Société a usé de la faculté acccordée par l'article 48, cette circonstance doit être mentionnée par l'addition de ces mots : *A capital variable.*

Toute contravention aux dispositions qui précèdent est punie d'une amende de cinquante francs à mille francs.

Art. 65. — Sont abrogées les dispositions des articles 42, 43, 44, 45 et 46 du code de commerce.

TITRE V.

Des Tontines et des Sociétés d'Assurances.

Art. 66. — Les associations de la nature des tontines et les Sociétés d'assurances sur la vie, mutuelles ou à primes, restent soumises à l'autorisation et à la surveillance du gouvernement.

Les autres Sociétés d'assurances pourront se former sans autorisation. Un règlement d'administration publique déterminera les conditions sous lesquelles elles pourront être constituées.

Art. 67. — Les Sociétés d'assurances désignées dans le paragraphe 2 de l'article précédent, qui existent actuellement, pourront se placer sous le régime qui sera établi par le règlement d'administration publique sans l'autorisation du gouvernement, en observant les formes et les conditions prescrites pour la modification de leurs statuts.

Décret des 28-30 mars 1868

admettant à jouir du bénéfice de l'article 24 de la loi du 5 juin 1850 les Sociétés et Compagnies étrangères.

—

ARTICLE 1er. — Les Sociétés, Compagnies et entreprises étrangères dont les titres sont cotés aux bourses françaises sont admises à jouir du bénéfice de l'article 24 de la loi du 5 juin 1850, en justifiant que pendant les deux dernières années elles n'ont pu payer ni dividendes ni intérêts. — Elles devront, à cet effet, produire à l'administration de l'enregistrement les procès-verbaux et délibérations des assemblées générales, les inventaires, balances et tous autres documents de comptabilité, vérifiés et certifiés par les agents diplomatiques ou consulaires français.

Décret impérial du 22 janvier-18 février 1868

portant règlement d'administration publique pour la constitution des Sociétés d'assurances.

—

TITRE 1er.

Des Sociétés anonymes d'Assurances à primes.

—

ARTICLE 1er. — Les Sociétés anonymes d'assurances à primes sont soumises aux dispositions des lois rela-

tives à cette forme de Société, et, en outre, aux condĭ-
tions ci-après déterminées. — Elles ne peuvent user
des dispositions du titre III de la loi du 24 juillet 1867,
particulières aux Sociétés à capital variable.

Art. 2. — La Société n'est valablement constituée
qu'après le versement d'un capital de garantie qui ne
pourra, en aucun cas et alors même que le capital
social est moindre de deux cent mille francs, être inférieur à cinquante mille francs.

Art. 3. — L'article 3 de la loi du 24 juillet 1867,
relatif à la conversion des actions en actions au porteur, n'est applicable aux Sociétés d'assurances à primes que si le fonds de réserve est égal au moins à la
partie du capital social, non encore versé, et s'il a été
intégralement constitué.

Art. 4. — La Société est tenue de faire annuellement un prélèvement d'au moins vingt pour cent sur
les bénéfices nets pour former un fonds de réserve. Ce
prélèvement devient facultatif lorsque le fonds de
réserve est égal au cinquième du capital.

Art. 5. — Les fonds de la Société, à l'exception des
sommes nécessaires aux besoins du service courant,
doivent être employés en acquisitions d'immeubles, en
rentes sur l'État, bons du Trésor ou autres valeurs
créées ou garanties par l'État, en actions de la Banque
de France ou des Compagnies françaises de chemins
de fer qui ont un minimum d'intérêt garanti par l'Etat.

Art. 6. — Toute police doit faire connaître : 1° le
montant du capital social; 2° la portion de ce capital
déjà versé ou appelé, et, s'il y a lieu, la délibération
par laquelle les actions auraient été converties en actions au porteur; 3° le maximum que la Compagnie
peut, aux termes de ses statuts, assurer sur un seul
risque, sans réassurance; 4° et, dans le cas où un
même capital couvrirait, aux termes des statuts, des

risques de nature différente, le montant de ce capital et l'énumération de tous ces risques.

Art. 7. — Tout assuré peut, par lui ou par un fondé de pouvoir, prendre à toute époque, soit au siége social, soit dans les agences établies par la Société, communication du dernier inventaire. Il peut égalcment exiger qu'il lui en soit délivré une copie certifiée, moyennant le paicment d'une somme qui ne peut excéder un franc.

—

TITRE II.

Des Sociétés d'Assurances mutuelles.

—

Art. 8. — Les Sociétés d'assurances mutuelles peuvent se former soit par un acte authentique, soit par un acte sous seing privé fait en double original, quel que soit le nombre des signataires à l'acte.

Art. 9. — Les projets de statuts doivent : — 1° indiquer l'objet, la durée, le siége, la dénomination de la Société et la circonscription territoriale de ses opérations ; — 2° comprendre le tableau de classification des risques, les tarifs applicables à chacun d'eux, et déterminer les formes suivant lesquelles ce tableau et ces tarifs peuvent être modifiés ; — 3° fixer le nombre d'adhérents et le minimum de valeurs assurées au-dessous desquels la Société ne peut être valablement constituée, ainsi que la somme à valoir sur la contribution de la première année, qui devra être versée avant la constitution de la Société.

Art. 10. — Le texte entier des projets de statuts doit être inscrit sur toute liste destinée à recevoir les adhésions.

Art. 11. — Lorsque les conditions ci-dessus ont été

remplies, les signataires de l'acte primitif ou leurs fondés de pouvoir le constatent par une déclaration devant notaire. — A cette déclaration sont annexés : — 1° la liste nominative dûment certifiée des adhérents, contenant leurs noms, prénoms, qualités et domiciles, et le montant des valeurs assurées par chacun d'eux ; — 2° l'un des doubles de l'acte de Société, s'il est sous seing privé, ou une expédition, s'il est notarié et s'il a été passé devant un notaire autre que celui qui reçoit la déclaration ; — 3° l'état des versements effectués.

Art. 12. — La première assemblée générale qui est convoquée à la diligence des signataires de l'acte primitif, vérifie la sincérité de la déclaration mentionnée aux articles précédents ; elle nomme les membres du premier conseil d'administration ; elle nomme également, pour la première année, les commissaires institués par l'article 21 ci-après. — Les membres du conseil d'administration ne peuvent être nommés pour plus de six ans ; ils sont rééligibles, sauf stipulation contraire. Toutefois, ils peuvent être désignés par les statuts, avec stipulation formelle que leur nomination ne sera pas soumise à l'assemblée générale ; en ce cas, ils ne peuvent être nommés pour plus de trois ans. — Le procès-verbal de la séance constate l'acceptation des membres du conseil d'administration et des commissaires présents à la réunion. — La Société n'est définitivement constituée qu'à partir de cette acceptation.

Art. 13. — Le compte des frais de premier établissement est apuré par le conseil d'administration et soumis à l'assemblée générale, qui arrête définitivement et détermine le mode et l'époque du remboursement.

TITRE III.

Administration des Sociétés.

—

Art. 14. — L'administration peut être confiée à un conseil d'administration dont les statuts déterminent les pouvoirs. Les membres de ce conseil peuvent choisir parmi eux un directeur, ou si les statuts le permettent, se substituer un mandataire étranger à la Société et dont ils sont responsables envers elle. — L'administration peut également être confiée par les statuts à un directeur nommé par l'assemblée générale et assisté d'un conseil d'administration. Les statuts déterminent dans ce cas les attributions respectives du directeur et du conseil.

Art. 15. — Les membres du conseil d'administration doivent être pris parmi les sociétaires ayant la somme de valeurs assurées déterminée par les statuts.

Art. 16. — Il est tenu chaque année au moins une assemblée générale, à l'époque fixée par les statuts. — Les statuts déterminent, soit le minimum de valeurs assurées nécessaire pour être admis à l'assemblée, soit le nombre des plus forts assurés qui doivent la composer ; ils règlent également le mode suivant lequel les sociétaires peuvent s'y faire représenter.

Art. 17. — Dans toutes les assemblées générales, il est tenu une feuille de présence. Elle contient les noms et domiciles des membres présents. — Cette feuille, certifiée par le bureau de l'assemblée et déposée au siége social, doit être communiquée à tout requérant.

Art. 18. — L'assemblée générale ne peut délibérer valablement que si elle réunit le quart au moins des membres ayant le droit d'y assister ; si elle ne réunit pas ce nombre, une nouvelle assemblée est convoquée dans les formes et avec les délais prescrits par les statuts, et elle délibère valablement, quel que soit le nombre des membres présents ou représentés.

Art. 19. — L'assemblée générale, qui doit délibérer sur la nomination des membres du premier conseil d'administration et sur la sincérité de la déclaration faite, aux termes de l'article 14, par les signataires de l'acte primitif, doit être composée de la moitié au moins des membres ayant le droit d'y assister. — Si l'assemblée générale ne réunit pas le nombre ci-dessus, elle ne peut prendre qu'une délibération provisoire ; dans ce cas, une nouvelle assemblée générale est convoquée. Deux avis, publiés à huit jours d'intervalle, au moins un mois à l'avance, dans l'un des journaux désignés pour recevoir les annonces légales, font connaître aux sociétaires les résolutions provisoires adoptées par la première assemblée, et ces résolutions deviennent définitives si elles sont approuvées par la nouvelle assemblée, composée du cinquième au moins des sociétaires ayant le droit d'y assister.

Art. 20. — Les assemblées qui ont à délibérer sur des modifications aux statuts ou sur des propositions de continuation de la Société au-delà du terme fixé pour sa durée, ou de dissolution avant ce terme, ne sont régulièrement constituées et ne délibèrent valablement qu'autant qu'elles sont composées de la moitié au moins des sociétaires ayant le droit d'y assister. Toute modification de statuts est portée à la connaissance des sociétaires dans le premier récépissé de cotisation qui leur est délivré.

Art. 21. — L'assemblée générale annuelle désigne un ou plusieurs commissaires, sociétaires ou non chargés de faire un rapport à l'assemblée générale de l'année suivante sur la situation de la Société, sur le bilan et sur les comptes présentés par l'administration.

— La délibération contenant approbation du bilan et des comptes est nulle si elle n'a été précédée du rapport des commissaires. — A défaut de nomination des commissaires par l'assemblée générale, ou en cas d'empêchement ou de refus d'un ou de plusieurs d'entre eux, il est procédé à leur nomination ou à leur remplacement par ordonnance du président du tribunal de première instance du siége de la Société, à la requête de tout intéressé, les membres du conseil d'administration dûment appelés.

Art. 22. — Pendant le trimestre qui précède l'époque fixée par les statuts pour la réunion de l'assemblée générale, les commissaires ont droit, toutes les fois qu'ils le jugent convenable dans l'intérêt de la Société, de prendre communication des livres et d'examiner les opérations de la Société. Ils peuvent toujours, en cas d'urgence, convoquer l'assemblée générale.

Art. 23. — Toute Société doit dresser chaque semestre un état sommaire de sa situation active et passive. — Cet état est mis à la disposition des commissaires. — Il est, en outre, établi chaque année un inventaire, ainsi qu'un compte détaillé des recettes et dépenses de l'année précédente et du montant des sinistres. — Ces divers documents sont mis à la disposition des commissaires le quarantième jour au plus tard avant l'assemblée générale. Ils sont présentés à cette assemblée. — L'inventaire et le compte détaillé sont également adressés au ministre de l'agriculture, du commerce et des travaux publics.

Art. 24. — Quinze jours au moins avant la réunion de l'assemblée générale, tout sociétaire peut prendre, par lui ou par un fondé de pouvoir, au siége social, communication de l'inventaire et de la liste des membres composant l'assemblée générale, et se faire délivrer copie de ces documents.

TITRE IV.

De la formation de l'engagement social.

—

ART. 25. — Les statuts déterminent le mode et les conditions générales suivant lesquels sont contractés les engagements entre la Société et les sociétaires. Toutefois, les sociétaires auront, indépendamment de toute disposition statutaire, le droit de se retirer tous les cinq ans, en prévenant la Société six mois d'avance dans la forme indiquée ci-après. Ce droit sera réciproque au profit de la Société. — Dans tous les cas où un sociétaire a le droit de demander la résiliation, il peut le faire soit par une déclaration au siége social ou chez l'agent local, dont il lui sera donné récépissé, soit par acte extrajudiciaire, soit par tout autre moyen indiqué dans les statuts. Les statuts indiquent spécialement le mode suivant lequel se fait l'estimation des valeurs assurées, les conditions réciproques de prorogation ou de résiliation des contrats, et les circonstances qui font cesser les effets desdits contrats.

ART. 26. — Toute modification des statuts relative à la nature des risques garantis et au périmètre de la circonscription territoriale donne de plein droit à chaque sociétaire la faculté de résilier son engagement. — Cette faculté doit être exercée par lui dans un délai de trois mois, à dater de la notification qui lui aura été faite, conformément à l'article 20.

ART. 27. — Les statuts ne peuvent défendre aux sociétaires de se faire réassurer ou assurer à une autre Compagnie. Ils peuvent seulement stipuler que la Société sera immédiatement informée et aura le droit de notifier la résiliation du contrat.

ART. 28. — Les polices remises aux assurés doivent

contenir les conditions spéciales de l'engagement, sa durée, ainsi que les clauses de résiliation et de tacite reconduction, s'il en existe dans les statuts. — La police constate, en outre, la remise d'un exemplaire contenant le texte entier des statuts.

TITRE V.

Des charges sociales.

Art. 29. — Les tarifs annexés aux statuts fixent, par degrés de risques, le maximum de la contribution annuelle dont chaque sociétaire est passible pour le paiement des sinistres. — Ce maximum constitue le fonds de garantie. — Les statuts peuvent décider que chaque sociétaire sera tenu de verser d'avance une portion de la contribution sociale pour former un fonds de prévoyance. Le montant de ce versement, dont le maximum est fixé dans les statuts, sera déterminé chaque année par l'assemblée générale.

Art. 30. — Si les statuts le stipulent ainsi, les indications du tableau de classification ne font pas obstacle à ce que le conseil d'administration demeure juge soit de l'application de la classification à tout risque proposé à l'assurance, soit même de l'admissibilité de ce risque.

Art. 31. — Les statuts déterminent également le maximum de la contribution annuelle qui peut être exigée de chaque sociétaire pour frais de gestion de la Société. — La quotité de cette contribution est fixée tous les cinq ans au moins par l'assemblée générale. — Il peut être décidé soit par les statuts, soit par l'assemblée générale, qu'une somme fixe ou propor-

tionnelle est allouée par traité à forfait à la direction.
Ce traité est révisé tous les cinq ans au moins. —
L'acte qui l'autorise ou l'approuve détermine en même
temps, d'une manière précise, quels sont les frais
auxquels la somme allouée a pour objet de pourvoir.

Art. 32. — Il peut être formé, dans chaque Société
d'assurances mutuelles, un fonds de réserve ayant pour
objet de donner à la Société les moyens de suppléer à
l'insuffisance de la cotisation annuelle pour le paiement des sinistres. — Le montant du fonds de réserve
est fixé tous les cinq ans par l'assemblée générale,
nonobstant toute stipulation contraire insérée dans les
statuts. — Le mode de formation et l'emploi de ce
fonds sont déterminés par les statuts, sauf application
des dispositions suivantes : — Dans aucun cas, le prélèvement sur le fonds de réserve ne peut excéder la
moitié de ce fonds pour un seul exercice. — En cas de
dissolution de la Société, l'emploi du reliquat du fonds
de réserve est réglé par l'assemblée générale, sur la
proposition des membres du conseil d'administration,
et soumis à l'approbation du ministre de l'agriculture,
du commerce et des travaux publics.

Art. 33. — Les fonds de la Société doivent être
placés en rentes sur l'État, bons du Trésor ou autres
valeurs créées ou garanties par l'État, en actions de la
Banque de France, en obligations des départements et
des communes, du Crédit foncier de France ou des
Compagnies françaises de chemins de fer qui ont un
minimum d'intérêt garanti par l'État. — Ces valeurs
sont immatriculées au nom de la Société.

TITRE VI.
Déclaration, estimation et jugement des sinistres.

Art. 34. — Les statuts déterminent le mode et les

conditions de la déclaration à faire en cas de sinistre par les sociétaires pour le règlement des indemnités qui peuvent leur être dues.

Art. 35. — L'estimation des sinistres est faite par un agent de la Société ou tout autre expert désigné par elle, contradictoirement avec le sociétaire ou avec un expert choisi par lui ; en cas de dissidence, il en est référé à un tiers expert désigné, à défaut d'accord entre les parties, par le président de première instance de l'arrondissement, ou, si les statuts l'ont ainsi décidé, par le juge de paix du canton où le sinistre a eu lieu.

Art. 36. — Dans les trois mois qui suivent l'expiration de chaque année, il est fait un règlement général des sinistres à la charge de l'année, et chaque ayant-droit reçoit, s'il y a lieu, le solde de l'indemnité réglée à son profit.

Art. 37. — En cas d'insuffisance du fonds de garantie, et de la part du fonds de réserve déterminée par les statuts, l'indemnité de chaque ayant-droit est diminuée au centime le franc.

TITRE VII.

Dispositions relatives à la constitution des Actes de Société.

Art. 38. — Dans le mois de la constitution de toutes Sociétés d'assurances mutuelles, une expédition de l'acte notarié et de ses annexes est déposé au greffe de la justice de paix et, s'il en existe, du tribunal civil du lieu où est établie la Société. — A cette expédition est annexée une copie certifiée des délibérations prises par l'assemblée générale, dans les cas prévus par l'article 12.

Art. 39. — Dans le même délai d'un mois, un extrait de l'acte constitutif et des pièces annexées est publié dans l'un des journaux désignés pour recevoir les annonces légales. Il sera justifié de l'insertion par un exemplaire du journal certifié par l'imprimeur, légalisé par le maire et enregistré dans les trois mois de sa date.

Art. 40. — L'extrait doit contenir la dénomination adoptée par la Société et l'indication du siége social, la désignation des personnes autorisées à gérer, administrer et signer pour la Société, le nombre d'adhérents et le minimum de valeurs assurées, au-dessous desquels la Société ne pouvait être valablement constituée, l'époque où la Société a commencé, celle où elle doit finir et la date du dépôt fait au greffe de la justice de paix et du tribunal de première instance. Il indique également si la Société doit ou non constituer un fonds de réserve. — L'extrait des actes et pièces déposés est signé, pour les actes publics, par le notaire, et, pour les actes sous seing privé, par les membres du conseil d'administration.

Art. 41. — Sont soumis aux formalités ci-dessus prescrites tous actes et délibérations ayant pour objet la modification des statuts, la continuation de la Société au-delà du terme fixé par les statuts, la dissolution avant ce terme et tout changement à la dénomination ainsi que la transformation de la Société dans les conditions indiquées par l'article 67 de la loi du 24 juillet 1867.

Art. 42. — Toute personne a le droit de prendre communication des pièces déposées au greffe de la justice de paix et du tribunal, ou même de s'en faire délivrer à ses frais expédition ou extrait par le greffier ou par le notaire détenteur de la minute. — Toute personne peut également exiger qu'il lui soit délivré au siége de la Société, une copie certifiée des statuts, moyennant payement d'une somme qui ne pourra excéder un franc. — Enfin les pièces déposées doivent être affichées d'une manière apparente dans les bureaux de la Société.

Loi du 23 août 1871.

ARTICLE 1er. — Les dispositions de l'article 14 de la loi du 2 juillet 1862, relatives à la perception d'un second décime sur les droits et produits dont le recouvrement est fixé à l'administration de l'enregistrement, sont remises en vigueur.

. . . .

ART. 6. — Tout contrat d'assurance maritime ou contre l'incendie, ainsi que toute convention postérieure contenant prolongation de l'assurance, augmentation dans la prime ou le capital assuré, désignation d'une somme en risque ou d'une prime à payer, est soumis à une taxe obligatoire moyennant le payement de laquelle la formalité de l'enregistrement sera donnée gratis toutes les fois qu'elle sera requise.

. . . .

ART. 8. — Les contrats d'assurance passés à l'étranger pour des immeubles situés en France ou pour des objets ou valeurs appartenant à des Français, doivent être enregistrés avant toute publicité en usage en France.

. . . .

ART. 9. — Les contrats d'assurance contre l'incendie passés en France pour les immeubles ou objets mobiliers situés à l'étranger ne sont pas assujettis au payement de la taxe, mais il ne pourra en être fait aucun usage en France..... sans qu'ils aient été préalablement enregistrés.

Art. 10. — Un règlement d'administration publique déterminera le mode de perception et les époques de payement de la taxe établie par l'article 6 ci-dessus.

Loi du 16 septembre 1871.

Augmentation des droits de transmission.
(Modifiée par les lois des 30 mars et 29 juin 1872.)

Art. 11. — A partir du 15 octobre 1871, *les droits de 20 centimes pour cent francs* de la valeur négociée, sur les titres nominatifs, *et de 12 centimes* sur les titres au porteur, établis par l'article 6 de la loi du 23 juin 1857, *sont respectivement élevés à 50 centimes et 15 centimes.* — Ces droits seront applicables à la transmission des obligations des départements, des communes, des établissements publics et de la Société du Crédit foncier.

Loi du 28-29 février 1872.

Droit gradué.

Article 1er. — La quotité du droit fixe d'enregistrement auquel sont assujettis par la loi du 22 frimaire an VII et par les lois subséquentes les actes ci-après, sera déterminée ainsi qu'il suit, savoir :

1° Les actes de formation et de prorogation de

Société, qui ne contiennent ni obligation, ni libération, ni transmission de biens, meubles ou immeubles, entre les associés ou autres personnes par le montant total des apports mobiliers et immobiliers, déduction faite du passif.

. . . .

Art. 2. — Le taux du droit établi par l'article précédent est fixé ainsi qu'il suit :

A *5 francs* pour les sommes ou valeurs de *5,000 francs et au-dessous*, et pour les actes ne contenant aucune énonciation de sommes et valeurs, ni dispositions susceptibles d'évaluation ;

A *10 francs* pour les sommes ou valeurs supérieures à *cinq mille francs*, mais n'excédant pas 10,000 francs ;

A *20* francs pour les sommes ou valeurs supérieures à *10,000*, mais n'excédant pas 20,000 francs ;

Et ensuite à raison de *20 francs* par chaque somme ou valeur de *20,000 francs* ou fraction de 20,000 francs.

Si les sommes ou valeurs ne sont pas déterminées dans l'acte, il y sera suppléé conformément à l'article 16 de la loi du 22 frimaire an VII.

. . . .

Loi du 30 mars 1872

Relative au droit de transmission sur les titres au porteur, au taux d'abonnement, au timbre des lettres de gage et obligations du Crédit foncier, aux droits sur les titres émis par les villes, provinces et établissements publics étrangers.

Article 1er. — A dater du 1er avril 1872, le *droit de transmission* de quinze centimes sur les titres au porteur de toute nature, établi par la loi du 23 juin 1857 et par l'article 11 de la loi du 16 septembre 1871, *est fixé à vingt-cinq centimes annuellement.* Ce droit, ainsi que celui de cinquante centimes sur la transmission des titres nominatifs établi par l'article 11 de la loi du 16 septembre 1871, sera perçu à l'avenir sur la valeur négociée, déduction faite des versements restant à faire sur les titres non entièrement libérés.

Le taux de l'abonnement au timbre des lettres de gage et obligations du Crédit foncier, fixé par l'article 29 de la loi du 8 juillet 1852, est élevé à cinq centimes par mille francs.

Les titres émis par les villes, provinces et corporations étrangères, quelle que soit leur dénomination, et par tout autre établissement public étranger seront soumis à des droits équivalents à ceux qui sont établis par la présente loi et par celle du 5 juin 1850 sur le timbre. Ils ne pourront être cotés ou négociés en France qu'en se soumettant à l'acquittement de ces droits.

Un règlement d'administration publique fixera pour ces titres le mode d'établissement et de perception de l'impôt, dont l'assiette pourra reposer sur une quotité déterminée du capital.

Art. 2. — Nul ne peut négocier, exposer en vente ou énoncer dans des actes de prêt, de dépôt, de nantissement ou dans tout autre acte ou écrit, à l'exception des inventaires, des titres étrangers qui n'auraient pas été dûment timbrés au droit de 1 pour cent du capital nominal.

Tout acte, soit public, soit sous seing privé, qui énoncera un titre de rente ou effet public d'un gouvernement étranger, ou tout autre titre étranger non coté aux bourses françaises, devra indiquer la date et le numéro du visa pour timbre apposé sur ce titre, ainsi que le montant du droit payé.

Chaque contravention à ces dispositions pourra être constatée, dans tous les lieux ouverts au public, par les agents, qui ont qualité pour verbaliser en matière de timbre ; elle sera punie d'une amende de cinq pour cent de la valeur nominale des titres qui seront négociés, exposés en vente, énoncés dans des actes ou dont il aura été fait usage. En aucun cas, l'amende ne pourra être inférieure à cinquante francs.

Toutes les parties sont solidaires pour le recouvrement des droits et amendes.

Une amende de cinquante francs sera encourue personnellement par tout officier public ou ministériel qui aura contrevenu aux dispositions qui précèdent.

Art. 3. — *Les deux décimes*, ajoutés au principal des droits de timbre de toute nature par l'article 2 de la loi du 23 août 1871, *sont applicables aux taxes d'abonnement* exigibles depuis la mise à exécution de cette loi, quelle que soit d'ailleurs l'époque à laquelle l'abonnement a été contracté.

Art. 4. — Sont exemptes du droit de timbre des quittances, reçus ou décharges de toute nature, les reconnaissances et reçus donnés soit par lettre, soit autrement, pour constater la remise d'effets de commerce à négocier, à accepter ou à encaisser.

Art. 5. — A partir du 1er janvier 1873, la taxe annuelle représentative des droits de transmission entre-vifs et par décès, fixée par l'article 1er de la loi du 20 février 1849, est élevée à soixante-dix centimes par franc du principal de la contribution foncière.

Cette taxe sera, en outre, soumise à l'avenir aux décimes auxquels sont assujettis les droits d'enregistrement.

Décret présidentiel du 24 mai 1872

Portant règlement d'administration publique pour l'exécution
de la loi du 30 mars 1872.

—

Article 1er. — Le nombre des titres qui doit, en
vertu de l'article 10 du décret du 17 juillet 1857, servir
de base à la perception des droits de timbre et de
transmission établis par les lois ci-dessus visées, sur
les actions et obligations des Sociétés étrangères, est
fixé par le ministre des finances sur l'avis préalable
d'une commission composée ainsi qu'il suit :

Le président de la section des finances au conseil
d'État, président ;

Le directeur général de l'enregistrement, des do-
maines et du timbre ;

Le directeur du mouvement général des fonds ;

Un régent de la Banque de France ;

Le syndic des agents de change de Paris ;

La commission désigne son secrétaire, qui a voix
consultative.

Art. 2. — *Le nombre des titres assujettis aux droits
de timbre et de transmission ne peut être inférieur, pour
les actions, à un dixième, et, pour les obligations, à deux
dixièmes du capital.*

Art. 3. — Le nombre de titres fixé par le ministre
des finances, conformément aux articles qui précèdent,
peut être révisé tous les trois ans.

. . . .

A défaut par les Sociétés, Compagnies, entreprises,
d'acquitter les droits, les titres sont rayés de la cote.
Néanmoins le représentant établi en France, conformément à l'article 10 du décret du 17 juillet 1857, reste

responsable des droits jusqu'à l'époque à laquelle les titres auront cessé d'être cotés.

. . . .

Art. 5. — Le décret du 11 décembre 1864 est abrogé.

Loi du 29-30 juin 1872

Relative à un impôt sur le revenu des valeurs mobilières, et modifiant les taxes établies par les lois des 23 juin 1857, 16 septembre 1871 et 30 mars 1872.

Article 1er. — Indépendamment des droits de timbre et de transmission établis par les lois existantes, il est établi, à partir du 1er juillet 1872, une taxe annuelle et obligatoire :

1° Sur les intérêts, dividendes, revenus et tous autres produits des actions de toute nature, des Sociétés, Compagnies ou entreprises quelconques, financières, industrielles, commerciales ou civiles, quelle que soit l'époque de leur création ;

2° Sur les arrérages et intérêts annuels des emprunts et obligations des départements, communes et établissements publics, ainsi que des Sociétés, Compagnies et entreprises ci-dessus désignées ;

3° Sur les intérêts, produits et bénéfices annuels des parts d'intérêt et commandites dans les Sociétés, Compagnies et entreprises dont le capital n'est pas divisé en actions.

Art. 2. — Le revenu est déterminé :

1° Pour les actions, par le dividende fixé d'après les délibérations des assemblées générales d'actionnaires ou des conseils d'administration, les comptes-rendus ou tous autres documents analogues ;

2° Pour les obligations ou emprunts par l'intérêt ou le revenu distribué dans l'année ;

3° Pour les parts d'intérêt et commandites, soit par les délibérations des conseils d'administration des intéressés, soit, à défaut de délibération, par l'évaluation à raison de 5 pour cent du montant du capital social ou de la commandite, ou du prix moyen des cessions de parts d'intérêts consenties pendant l'année précédente. — Les comptes-rendus et les extraits des délibérations des conseils d'administration ou des actionnaires seront déposés, dans les vingt jours de leur date, au bureau de l'enregistrement du siége social.

Art. 3. — *La quotité de la taxe* établie par la présente loi *est fixée à 3 0/0 du revenu* des valeurs spécifiées en l'article 1er. Le montant en est avancé, sauf leur recours, par les Sociétés, Compagnies, entreprises, villes, départements ou établissements publics. — Pour l'année 1872, les revenus, intérêts et dividendes seront sujets à la taxe pour moitié seulement de leur montant, quelle que soit d'ailleurs l'époque à laquelle le payement aura lieu. — A partir de la promulgation de la présente loi, *le taux des droits et taxes* établis par la loi du 23 juin 1857, et par celles des 16 septembre 1871 et 30 mars 1872, *est réduit* ainsi qu'il suit, savoir :

A 50 centimes par 100 francs pour la *transmission* ou la *conversion des titres nominatifs ;*

A 20 centimes par 100 francs pour la *taxe* à laquelle sont assujettis les *titres au porteur.*

Ces droit et taxe ne sont pas tenus aux décimes.

Art. 4. — Les *actions, obligations, titres* d'emprunt, quelle que soit d'ailleurs leur dénomination, *des Sociétés,* Compagnies, entreprises, corporations, villes, provinces *étrangères,* ainsi que tout autre établissement public étranger, *sont soumis à une taxe équivalente à celle* qui est établie par la présente loi sur *le revenu des valeurs françaises*. — Les titres étrangers ne pourront être cotés, négociés, exposés en vente ou émis en France qu'en se soumettant à l'acquittement de cette taxe, ainsi que des droits de timbre et de transmission. — Un règlement d'administration publique fixera le mode d'établissement et de perception de ces droits, dont l'assiette pourra reposer sur une quotité déterminée du capital social. — Le même règlement déterminera les époques de payement de la taxe, ainsi que toutes les autres mesures nécessaires pour l'exécution de la présente loi.

ART. 5. — Chaque contravention aux dispositions qui précèdent et à celles du règlement d'administration publique qui sera fait pour leur exécution, sera punie conformément à l'article 10 de la loi du 23 juin 1857. — Le recouvrement de la taxe sur le revenu sera saisi, et les instances seront introduites et jugées comme en matière d'enregistrement.

Loi du 29 juin 1872

Sur les titres au porteur adirés.

ARTICLE 1ᵉʳ. — Le propriétaire de titres au porteur qui en est dépossédé par quelque événement que ce soit, peut se faire restituer contre cette perte, dans la mesure et sous les conditions déterminées dans la présente loi.

ART. 2. — Le propriétaire dépossédé fera notifier par huissier à l'établissement débiteur un acte indiquant : le nombre, la nature, la valeur nominale, le numéro et, s'il y a lieu, la série des titres.

Il devra aussi, autant que possible, énoncer :

1° L'époque et le lieu où il est devenu propriétaire, ainsi que le mode de son acquisition ;

2° L'époque et le lieu où il a reçu les derniers intérêts ou dividendes ;

3° Les circonstances qui ont accompagné sa dépossession. Le même acte contiendra une élection de domicile dans la commune du siége de l'établissement débiteur.

Cette notification emportera opposition au payement tant du capital que des intérêts ou dividendes échus et à échoir.

ART. 3. — Lorsqu'il se sera écoulé une année depuis l'opposition sans qu'elle ait été contredite, et que dans cet intervalle, deux termes au moins d'intérêts ou de dividendes auront été mis en distribution, l'opposant pourra se pourvoir auprès du président du tribunal civil du lieu de son domicile, afin d'obtenir l'autorisation de toucher les intérêts ou dividendes échus ou à échoir, au fur et à mesure de leur exigibilité, et même le capital des titres frappés d'opposition dans le cas où ledit capital serait ou deviendrait exigible.

ART. 4. — Si le président accorde l'autorisation, l'opposant devra, pour toucher les intérêts ou dividendes, fournir une caution solvable dont l'engagement s'étendra au montant des annuités exigibles, et de plus à une valeur double de la dernière annuité échue. Après deux ans écoulés depuis l'autorisation sans que l'opposition ait été contredite, la caution sera de plein droit déchargée.

Si l'opposant ne veut ou ne peut fournir la caution requise, il pourra, sur le vu de l'autorisation, exiger de la Compagnie le dépôt à la Caisse des dépôts et consignations des intérêts ou dividendes échus et de ceux à échoir, au fur et à mesure de leur exigibilité.

Après deux ans écoulés depuis l'autorisation, sans que l'opposition ait été contredite, l'opposant pourra retirer de la Caisse des dépôts et consignations les sommes ainsi déposées, et percevoir librement les intérêts et dividendes à échoir, au fur et à mesure de leur exigibilité.

ART. 5. — Si le capital des titres frappés d'opposition est devenu exigible, l'opposant qui aura obtenu l'autorisation ci-dessus pourra en toucher le montant, à charge de fournir caution. Il pourra, s'il le préfère, exiger de la Compagnie que le montant dudit capital soit déposé à la Caisse des dépôts et consignations.

Lorsqu'il se sera écoulé dix ans depuis l'époque de l'exigibilité et cinq ans, au moins, à partir de l'autorisation sans que l'opposition ait été contredite, la caution sera déchargée, et, s'il y a eu dépôt, l'opposant pourra retirer de la Caisse des dépôts et consignations les sommes en faisant l'objet.

ART. 6. — La solvabilité de la caution à fournir en vertu des dispositions des articles précédents sera appréciée comme en matière commerciale. S'il s'élève des difficultés, il sera statué en référé par le président du tribunal du domicile de l'établissement débiteur.

Il sera loisible à l'opposant de fournir un nantissement au lieu et place d'une caution. Le nantissement pourra être constitué en titres de rentes sur l'État. Il sera restitué à l'expiration des délais fixés pour la libération de la caution.

ART. 7. — En cas de refus de l'autorisation dont il est parlé en l'article 3, l'opposant pourra saisir, par voie de requête, le tribunal civil de son domicile, lequel statuera après avoir entendu le ministère public. Le jugement obtenu dudit tribunal produira les effets attachés à l'ordonnance d'autorisation.

ART. 9. — Les paiements faits à l'opposant suivant

les règles ci-dessus posées libèrent l'établissement débiteur envers tout tiers porteur qui se présenterait ultérieurement. Le tiers porteur au préjudice duquel lesdits paiements auraient été faits conserve seulement une action personnelle contre l'opposant qui aurait formé son opposition sans cause.

Si, avant que la libération de l'établissement débiteur ne soit accomplie, il se présente un tiers porteur des titres frappés d'opposition, ledit établissement doit provisoirement retenir ces titres contre un récépissé remis au tiers porteur ; il doit de plus avertir l'opposant, par lettre chargée, de la présentation du titre, en lui faisant connaître le nom et l'adresse du tiers porteur. Les effets de l'opposition restent alors suspendus jusqu'à ce que la justice ait prononcé entre l'opposant et le tiers porteur.

ART. 11. — L'opposant qui voudra prévenir la négociation ou la transmission des titres dont il a été dépossédé, devra notifier, par exploit d'huissier, au syndicat des agents de change de Paris, une opposition renfermant les énonciations prescrites par l'article 2 de la présente loi ; l'exploit contiendra réquisition de faire publier les numéros des titres.

Cette publication sera faite, un jour franc au plus tard, par les soins et sous la responsabilité du syndicat des agents de change de Paris, dans un bulletin quotidien établi et publié dans les formes et sous les conditions déterminées par un règlement d'administration publique.

Le même règlement fixera le coût de la rétribution annuelle due par l'opposant pour frais de publicité. Cette rétribution annuelle sera payée d'avance à la Caisse du syndicat, faute de quoi la dénonciation de l'opposition ne sera pas reçue, ou la publication ne sera

pas continuée à l'expiration de l'année pour laquelle
la rétribution aura été payée.

Art. 12. — Toute négociation ou transmission postérieure au jour où le bulletin est parvenu ou aurait
pu parvenir par la voie de la poste, dans le lieu où
elle a été faite, sera sans effet vis-à-vis de l'opposant,
sauf le recours du tiers porteur contre son vendeur et
contre l'agent de change par l'intermédiaire duquel la
négociation aura eu lieu. Le tiers porteur pourra également, au cas prévu par le précédent article, con-
tester l'opposition faite irrégulièrement ou sans droit.

Sauf le cas où la mauvaise foi serait démontrée, les
agents de change ne seront responsables des négociations faites par leur entremise qu'autant que les oppositions leur auront été signifiées personnellement ou
qu'elles auront été publiées dans le bulletin par les
soins du syndicat.

Art. 13. — Les agents de change doivent inscrire
sur leurs livres les numéros des titres qu'ils achètent
ou qu'ils vendent.

Ils mentionneront sur les bordereaux d'achats les
numéros livrés. Un règlement d'administration publique déterminera le taux de la rémunération qui sera
allouée à l'agent de change pour cette inscription des
numéros.

Art. 14. — A l'égard des négociations ou transmis-
sions de titres antérieurs à la publication de l'opposition, il n'est pas dérogé aux dispositions des articles
2279 et 2280 du code civil.

Art. 15. — Lorsqu'il se sera écoulé dix ans depuis
l'autorisation obtenue par l'opposant, conformément à
l'article 3, et que pendant le même laps de temps
l'opposition aura été publiée sans que personne ne soit
présent pour recevoir les intérêts ou dividendes, l'opposant pourra exiger de l'établissement débiteur qu'il lui

soit remis un titre semblable et subrogé au premier.
Ce titre devra porter le même numéro que le titre originaire, avec la mention qu'il est délivré par duplicata.

Le titre délivré en duplicata conférera les mêmes
droits que le titre primitif et sera négociable dans les
mêmes conditions.

Le temps pendant lequel l'établissement n'aurait pas
mis en distribution de dividendes ou d'intérêts ne sera
pas compté dans le délai ci-dessus.

Dans le cas du présent article. le titre primitif sera
frappé de déchéance, et le tiers porteur qui le repré-
sentera après la remise du nouveau titre à l'opposant
n'aura qu'une action personnelle au cas où l'opposition
aurait été faite sans droit.

L'opposant qui réclamera de l'établissement un duplicata payera les frais qu'il occasionnera. Il devra de
plus garantir par un dépôt ou par une caution que le
numéro du titre frappé de déchéance sera publié pendant dix ans, avec une mention spéciale au bulletin
quotidien.

Art. 16. — Les dispositions de la présente loi sont
applicables aux titres au porteur émis par les départements, les communes et les établissements publics,
mais elles ne sont pas applicables aux billets de banque
de France, ni aux billets de même nature, émis par
des établissements légalement autorisés, ni aux rentes
et autres titres au porteur émis par l'État, lesquels
continueront à être régis par les lois, décrets et règlements en vigueur.

Toutefois, les cautionnements exigés par l'administration des finances pour la délivrance des duplicata
de titres perdus, volés ou détruits, seront restitués si,
dans les vingt ans qui auront suivi, il n'a été formé
aucune demande de la part des tiers porteurs, soit pour
les arrérages, soit pour le capital. Le trésor sera défini-

tivement libéré envers le porteur des titres primitifs,
sauf l'action personnelle de celui-ci contre la personne
qui aura obtenu le duplicata.

Décret du 6 octobre 1872

Portant règlement d'administration publique pour l'exécution de
la loi du 29 juin 1872, relative à l'impôt sur le revenu des
valeurs mobilières.

—

ARTICLE 1er. — La taxe de 3 0/0 établie par la loi du
29 juin 1872 est avancée par les Sociétés, Compagnies,
entreprises, départements, communes et établissements
publics et payée au bureau de l'enregistrement du
siége social désigné à cet effet, savoir :

1° Pour les obligations, emprunts et autres valeurs
dont le revenu est fixé et déterminé à l'avance en
quatre termes égaux, d'après les produits annuels affé-
rents à ces valeurs ;

2° Pour les actions, parts d'intérêts, commandite et
emprunt à revenu variable, en quatre termes égaux
déterminés provisoirement d'après le résultat du dernier exercice réglé et calculé sur les quatre cinquièmes
du revenu s'il en a été distribué ; et, en ce qui concerne les Sociétés nouvellement créées, sur le produit
évalué à 5 0/0 du capital appelé.

Chaque année après la clôture des écritures relatives
à l'exercice, il est procédé à une liquidation définitive
de la taxe due pour l'exercice entier. Si, de cette liquidation, il résulte un complément de taxe au profit du
Trésor, il est immédiatement acquitté. Dans le cas contraire, l'excédant versé est imputé sur l'exercice courant, ou remboursé si la Société est arrivée à terme ou
si elle cesse de donner des revenus.

Art. 2. — Les payements à faire en quatre termes doivent être effectués dans les vingt premiers jours des mois de janvier, avril, juillet et octobre de chaque année. — La liquidation définitive a lieu au moment du dépôt prescrit par l'article 2 de la loi du 29 juin 1872, des comptes-rendus et extraits des délibérations des assemblées générales d'actionnaires ou des conseils d'administration, ou de tous autres documents analogues fixant le dividende distribué.

Cette liquidation doit être établie dans les vingt premiers jours du mois de mai pour les Sociétés auxquelles leurs statuts n'imposent pas l'obligation de prendre des délibérations sur cet objet. Dans ce cas, la liquidation définitive est opérée à raison de 5 0/0 du prix moyen des cessions de parts d'intérêt consenties pendant l'année précédente et dûment enregistrées et, à défaut de cession, d'après l'évaluation à 5 0/0 du montant du capital social ou de la commandite.

Art. 3. — Toutes les dispositions des deux articles précédents sont applicables aux Sociétés, Compagnies, entreprises, corporations, villes, provinces étrangères, ainsi qu'à tous autres établissements publics étrangers dont les titres sont cotés ou circulent en France, ou qui ont pour objet des biens, soit mobiliers soit immobiliers, situés en France.

La taxe sur le revenu, pour les titres cotés à la Bourse ou émis en France, est assise sur la même base que les droits de timbre et de transmission ; elle est déterminée en la forme prévue au règlement d'administration publique du 24 mai 1872.

Les Sociétés, Compagnies et entreprises étrangères dont les titres ne sont pas cotés, mais qui ont pour objet des biens meubles ou immeubles situés en France, doivent la taxe sur le revenu à raison des valeurs françaises qui en dépendent et acquittent cette taxe d'après une quotité du capital social fixée par le ministre des finances avant le 1ᵉʳ décembre 1872, si elles existent actuellement, et, dans le cas contraire, avant toute opération en France, un représentant français personnellement responsable des droits et amendes.

Aʀᴛ. 4. — Aucune émission ou souscription de titres étrangers ne peut avoir lieu en France qu'après qu'un représentant responsable a été agréé par le ministre des finances. Dans le mois qui suit la clôture de l'émission ou de la souscription, le ministre des finances détermine le nombre des titres qui doivent servir de base à la perception des droits de timbre et de transmission ainsi qu'à l'assiette de la taxe sur le revenu. Ce nombre est fixé conformément aux dispositions des règlements d'administration publique des 17 juillet 1857 et 24 mai 1872.

Aʀᴛ. 5. — La Caisse des dépôts et consignations est autorisée à payer directement à Paris, au bureau qui sera désigné, la taxe annuelle due à raison des prêts de toute nature qu'elle a faits à des départements, communes et établissements publics.

Aʀᴛ. 6. — Les dispositions des articles 1, 2, 3 et 5 qui précèdent sont applicables à la taxe due pour l'année 1872.

Décret présidentiel du 10 avril 1873

Réglant l'exécution des articles 11 et 13 de la loi du 15 juin 1872, relative aux titres au porteur.

Aʀᴛɪᴄʟᴇ 1ᵉʳ. — L'exploit signifié au syndicat des agents de change de Paris, en exécution de l'article 11 de la loi du 15 juin 1872, mentionnera en toutes lettres et en chiffres les numéros des titres dont la publication sera requise.

Art. 2. — Le recueil quotidien que publiera la Compagnie des agents de change de Paris, conformément au même article de loi, portera pour titre : *Bulletin officiel des oppositions sur les titres au porteur, publié par le syndicat des agents de change de Paris.*

Art. 3. — Le prix de l'insertion sera de cinquante centimes par numéro de valeur et par an. — En cas de main-levée de l'opposition avant l'échéance de l'année, le prix payé restera acquis au syndicat.

Art. 4. — Le Bulletin publiera les oppositions par catégorie des valeurs. — Tous les numéros d'une même valeur seront inscrits à la suite les uns des autres, par ordre augmentatif et en chiffres.

Art. 5. — Il ne pourra être inséré dans le Bulletin ni annonce, ni réclame, ni article quelconque.

Art. 6. — Les parties intéressées ne pourront faire cesser la publication des numéros frappés d'opposition qu'en justifiant de la main-levée de l'opposition dans l'une des trois formes suivantes : 1° Par acte notarié ; — 2° Par la remise de l'original de l'opposition ou de sa notification au syndicat, avec mention de la main-levée, ladite mention légalisée soit par un agent de change près la Bourse de Paris, soit par le président du tribunal civil, par le préfet ou le juge de paix du domicile de l'opposant ; — 3° Par la signification d'une décision judiciaire devenue définitive. — Néanmoins, lorsqu'il s'agira d'une main-levée partielle, l'opposant pourra arrêter la publication partielle de son opposition par un simple acte extra-judiciaire, mais à la condition de représenter au syndicat l'original de l'opposition à restreindre ou de sa notification, et d'inscrire sur ledit original, qui continuera de rester en ses mains, mention de la main-levée partielle par lui consentie.

Art. 7. — Le prix de l'abonnement au Bulletin ne pourra pas dépasser 70 francs par an ; le prix du numéro ne pourra dépasser 50 centimes. — Ces deux *maxima* sont fixés pour toute la France continentale, les droits de poste compris. Pour les colonies et l'étranger, les droits de poste seront perçus en sus.

Art. 8. — Le syndicat sera tenu de donner à tout requérant communication gratuite, sans déplacement, des numéros du Bulletin dont le tirage serait épuisé.

Art. 9. — L'opposant et les tiers-porteurs successifs du titre frappé d'opposition, ou leur ayant-cause, pourront obtenir du syndicat une copie certifiée ou un extrait des actes d'opposition ou de main-levée les intéressant, moyennant un droit de un franc en sus du timbre.

Art. 10. — Toute personne pourra obtenir, moyennant un droit de cinquante centimes, l'indication du nom et du domicile de l'opposant, ainsi que la date de l'opposition.

Art. 11. — Le taux de la rémunération allouée aux agents de change pour mentionner sur les bordereaux d'achat les numéros livrés est fixé à cinq centimes par titre.

Art. 12. — Les prix et tarifs fixés par le présent règlement seront révisés, s'il y a lieu, après la première année de leur mise à exécution.

Loi du 21 juin 1875

Assujettissant à l'impôt 3 0/0 les lots et primes de remboursement.

—

. . . .

Art. 5. — Sont assujettis à la taxe de trois pour cent

établie par la loi du 29 juin 1872, les lots et primes de remboursement payés aux créanciers et aux porteurs d'obligations, effets publics et tous autres titres d'emprunt.

La valeur est déterminée, pour la perception de la taxe, savoir :

1° Pour les lots, par la valeur même du lot en monnaie française ;

2° Pour les primes, par la différence entre la somme remboursée et le taux d'émission dès emprunts.

Un règlement d'administration publique déterminera le mode d'évaluation du taux d'émission, ainsi que toutes autres mesures d'exécution.

Sont applicables à la taxe établie par le présent article les dispositions des articles 3, 4 et 5 de la loi du 29 juin 1872.

* * * * * * * * * * * * * * * * *

Loi du 1er-10 décembre 1875

Sur l'application des dispositions de la loi du 29 juin 1872.

—

ART. 1er. — Les dispositions de l'article 1er, § 3, de la loi du 29 juin 1872, ne sont pas applicables aux parts d'intérêt dans les Sociétés commerciales en nom collectif, et elles ne s'appliquent, dans les Sociétés en commandite dont le capital n'est pas divisé par actions, qu'au montant de la commandite.

ART. 2. — La même exception s'applique aux parts d'intérêt dans les Sociétés de toute nature, dites de *coopération*, formées exclusivement entre des ouvriers et artisans au moyen de leurs cotisations périodiques.

Loi du 14 décembre 1875

Qui exempte de la taxe (de 0 fr. 62 c. 1/2 pour franc du principal
de la contribution foncière) les Sociétés anonymes ayant pour
objet l'achat et la vente des immeubles.

—

ARTICLE UNIQUE. — Sont exceptées, à partir du 1er janvier 1876, de la taxe établie par l'article 1er de la loi
du 20 février 1849 : les Sociétés anonymes ayant pour
objet exclusif l'achat et la vente d'immeubles. — Néanmoins, la taxe continuera d'être perçue pour les immeubles exploités par la Société ou qui ne sont pas des-
tinés à être vendus.

Décret du 15-16 décembre 1875

Déterminant, en exécution de l'article 5 de la loi du 21 juin 1875,
le mode d'établissement et de perception de la taxe sur les lots
et les primes de remboursement.

—

ARTICLE 1er. — Lorsque les obligations, les effets
publics et tous autres titres d'emprunts dont les lots et
primes de remboursement sont assujettis à la taxe de
trois pour cent par l'article 5 de la loi du 21 juin 1875
auront été émis à un taux unique, ce taux servira de
base à la liquidation du droit sur les primes.

Si le taux d'émission a varié, il sera déterminé pour
chaque emprunt par une moyenne établie en divisant
par le nombre de titres correspondant à cet emprunt le
montant brut de l'emprunt total sous la seule déduction des arrérages courus au moment de chaque vente.

A l'égard des emprunts dont l'émission, faite à des

taux variables, n'est pas terminée, la moyenne sera établie d'après la situation de l'emprunt au 31 décembre de l'année qui a précédé celle du tirage.

Art. 2. — Lorsque le taux d'émission ne pourra pas être établi, conformément à l'article 1er, ce taux sera représenté par un capital formé de vingt fois l'intérêt annuel stipulé, lors de l'émission, au profit du porteur du titre.

A défaut de stipulation d'intérêt, il sera pourvu à la fixation du taux d'émission dans la forme tracée par l'article 16 de la loi du 22 frimaire an VII.

Art. 3. — La taxe avancée par les Sociétés, Compagnies, entreprises, départements, communes et établissements publics, conformément à l'article 3 de la loi du 29 juin 1872 est payée, dans les vingt jours qui suivront le jour fixé pour le paiement de lots et primes de remboursement, au bureau de l'enregistrement du siége social ou administratif désigné conformément à l'article 1er du décret du 6 décembre 1872, pour recevoir la taxe sur le revenu.

Pour l'acquittement de cette taxe, il sera remis au receveur, lors du payement, une copie certifiée du procès-verbal de tirage au sort, avec un état indiquant pour chaque tirage : 1º le nombre des titres amortis ; 2º le taux d'émission de ces titres déterminé conformément aux articles 1 et 2, s'il s'agit de primes de remboursement ; 3º le montant des lots et des primes échus aux titres sortis ; 4º la somme sur laquelle le taux est exigible.

Art. 4. — Les Sociétés, Compagnies, entreprises et tous autres assujettis au payement de la taxe seront tenus de communiquer aux agents de l'enregistrement, tant au siége social que dans les succursales ou agences, les documents et écritures relatifs aux lots et aux primes de remboursement, afin qu'ils s'assurent de l'exécution de toutes les dispositions qui précèdent.

Art. 5. — Les dispositions des articles ci-dessus sont applicables aux Sociétés, Compagnies, entreprises, corporations, villes et provinces étrangères, ainsi qu'à tous autres établissements publics étrangers assujettis à la taxe de trois pour cent sur le revenu.

La taxe sur les lots et primes de remboursement est assise, comme le taux de trois pour cent établi par la loi du 29 juin 1872, sur la même base que les droits de timbre et de transmission, d'après le nombre de titres déterminé en la forme prévue par le règlement d'administration publique du 24 mai 1872.

Les représentants responsables devront produire les documents dont le dépôt est prescrit par l'article 3, vérifiés et certifiés par les agents diplomatiques ou consulaires français, conformément à l'article 1er du décret du 28 mars 1868.

Art. 6. — Dans le mois de la promulgation du présent décret, tous les assujettis à la taxe établie par l'article 5 de la loi du 21 juin 1875 seront tenus de déposer au bureau de l'enregistrement désigné pour la recette du droit : 1° la copie certifiée des tableaux d'amortissement de tous leurs emprunts ; 2° le bordereau détaillé, certifié conforme aux écritures, indiquant, pour chaque emprunt entièrement émis, le nombre des titres, le montant brut porté en recette sur le capital, le taux fixe ou le taux moyen de l'émission, le taux de remboursement et le montant de la prime ou des lots.

Art. 7. — Le ministre des finances est chargé de l'exécution du présent décret.

Loi du 30-31 décembre 1876

Sur le timbre des contrats d'assurances ayant exclusivement
pour objet des biens situés à l'étranger.

ARTICLE UNIQUE. — A partir de la promulgation de
la présente loi, le droit de timbre établi par les articles 33 et 37 de la loi du 5 juin 1850 cessera d'être
perçu sur les contrats d'assurances passés en pays
étranger et ayant exclusivement pour objet des immeubles, des meubles ou des valeurs situés à l'étranger.
Mais ces contrats doivent être soumis au timbre
moyennant le paiement du droit au comptant, avant
qu'il puisse en être fait aucun usage en France, soit
dans un acte public soit dans une déclaration quelconque, soit devant une autorité judiciaire ou administrative, à peine d'une amende de cinquante francs.

Les mêmes dispositions sont applicables aux contrats
de réassurance passés en France sous signatures privées, applicables à des polices souscrites à l'étranger et
ayant également pour objet exclusif des immeubles,
des meubles ou des valeurs situés à l'étranger.

IIIe PARTIE

—

Nouveaux projets de Loi

Projet de Loi

Présenté le 27 mai 1867, sous forme d'amendement, par M. E. Ollivier, et repoussé par la Chambre des Députés.

—

ARTICLE 1er. — La loi ne régit les Sociétés de commerce qu'à défaut de conventions spéciales. Toutes les conventions sont valables entre les parties, à la seule condition de n'être pas contraires à l'ordre public et aux bonnes mœurs. Pour être opposables aux tiers, elles doivent être rendues publiques.

ART. 2. — Les parties peuvent se borner à déclarer qu'elles entendent former une Société en nom collectif, ou une Société en commandite, ou une Société anonyme. Elles sont considérées comme se soumettant par là même aux articles suivants.

ART. 3. — Dans la Société en nom collectif, chacun des associés a pouvoir d'administrer et d'engager la Société ; les différents associés sont tenus solidairement de tous les engagements de la Société.

ART. 4. — La Société en commandite suppose qu'il existe : 1° un ou plusieurs associés tenus personnellement et solidairement des dettes de la Société ; 2° un ou plusieurs associés, simples bailleurs de fonds, passibles des pertes seulement jusqu'à concurrence de leurs mises. Sauf conventions contraires, l'administration appartient à tous les associés en nom. — Le droit des simples commanditaires peut exister sous forme d'*actions*.

ART. 5. — Dans la Société anonyme, les différents associés ne sont passibles des pertes que jusqu'à concurrence de leurs mises. — Le droit de chacun est représenté par une ou plusieurs actions. — L'acte constitutif indique comment la Société sera administrée.

ART. 6. — Si les parties avaient simplement déclaré se mettre en Société, elles seraient censées avoir formé une Société en nom collectif.

ART. 7. — Tout acte constitutif d'une Société commerciale doit être transcrit sur un registre, à la mairie de la commune où est établi le siége social.

ART. 8. — La Société qui n'a pas été rendue publique, conformément à l'article précédent, n'existe pas à l'égard des tiers ; elle peut seulement valoir entre les parties comme *association en participation*. — Si quelque clause de l'acte de Société a été omise dans la transcription, cette clause ne peut jamais être invoquée par les associés contre les tiers.

ART. 9. — L'associé tenu personnellement d'une dette sociale peut invoquer, en cette qualité, une prescription de cinq ans, qui courent du jour de la dissolution de la Société. Cette dissolution, dans le cas où l'acte constitutif n'en fait pas connaître l'époque précise, n'existe à l'encontre des tiers que du jour où elle a été rendue publique sur le registre tenu à la mairie.

Projet de Loi

Par M. Vavasseur, membre de la Commission nommée par M. le Ministre de la Justice, le 4 avril 1875, à l'effet de rechercher les améliorations que peut recevoir la loi de 1867 sur les Sociétés, et d'en faire l'objet d'un projet de loi qui serait soumis à l'Assemblée Nationale.

—

Chapitre Ier.

—

ARTICLE 1er. — *Les actions sont nominatives jusqu'à leur entière libération.*

ART. 2. — *Tout actionnaire* qui a cédé son titre *n'est plus responsable, trois ans après la cession,* des versements non effectués.

ART. 3. — Lorsque la Société est formée seulement entre ceux qui font des apports en nature, l'émission des actions doit être précédée d'une déclaration faite au secrétariat de la chambre de commerce du ressort avec dépôt des documents propres à justifier l'évaluation des apports et les avantages particuliers.

La chambre peut, après examen, s'opposer à l'émission par une délibération motivée. Si aucune délibération n'a été prise dans le mois, il est délivré par le secrétaire un certificat de non-opposition, sur le vu duquel a lieu l'émission, *mais qu'il est interdit d'énoncer dans les annonces et prospectus.*

S'il n'existe pas de chambre de commerce dans le ressort du siége social, il y est suppléé par le tribunal de commerce du chef-lieu du département.

Toute infraction à la présente disposition est punie des peines prononcées par l'article 13 de la loi du 24 juillet 1867.

Art. 4. — Il est procédé, en la même forme et sous les mêmes peines à la vérification de l'avoir social, si l'émission d'actions a lieu par suite de fusion entre deux ou plusieurs Sociétés.

Art. 5. — Si, au cours de la Société, le capital social vient à être représenté par voie d'apports en nature ou en espèces, les formalités, conditions et pénalités établies pour le capital originaire sont applicables à cette augmentation.

Art. 6. — Si la déclaration notariée prescrite par les articles 1 et 24 de la même loi est reconnue fausse, les gérants ou fondateurs sont punis des peines portées par l'article 150 du code pénal.

Chapitre II.

Des Assemblées générales d'Actionnaires.

Art. 7. — Il est tenu chaque année au moins une assemblée générale ordinaire à l'époque fixée par les statuts.

Art. 8. — Dans les assemblées générales, ordinaires ou autres, *tout actionnaire a le droit de voter*, sauf ce qui est dit dans l'article suivant.

Les statuts peuvent accorder plusieurs voix, sans dépasser le nombre de dix, à ceux qui représentent plusieurs actions, soit comme propriétaires, soit à titre de mandataires.

Art. 9. — Nul actionnaire n'a le droit de voter s'il n'est propriétaire de ses actions *depuis plus de trois mois* avant la réunion de l'assemblée.

Art. 10. — L'assemblée générale est régulièrement constituée lorsque les actionnaires présents représentent un quart du capital social pour l'assemblée ordinaire, et moitié pour les autres.

Dans les assemblées qui ont pour objet la vérification des apports en nature, la moitié du capital social qui doit être représenté se compose seulement des apports non soumis à vérification.

Art. 11. — Si ces conditions ne sont pas remplies lors de la première réunion, une convocation nouvelle a lieu à quinze jours d'intervalle, au moins, et la seconde assemblée délibère valablement si le capital y est représenté pour un vingtième dans l'assemblée ordinaire, et pour un cinquième dans les autres.

Art. 12. — L'assemblée peut être convoquée extraordinairement sur la réquisition d'un groupe d'actionnaires possédant un vingtième du capital social. Si les administrateurs ou gérants ne défèrent pas à cette réquisition, il est statué par le tribunal de commerce en chambre du conseil.

Art. 13. — Les actions au porteur doivent être déposées vingt jours avant la réunion, en échange d'un récépissé nominatif qui sert de carte d'entrée et n'est pas transmissible.

Art. 14. — Il est tenu une feuille de présence indiquant les noms et domiciles des actionnaires, avec le nombre d'actions dont chacun est porteur.

Art. 15. — L'assemblée ne délibère valablement que sur les propositions inscrites à l'ordre du jour, et explicitement annoncées dans les avis de convocations.

A l'ordre du jour est ajoutée toute proposition émanant d'un groupe d'actionnaires possédant un vingtième du capital social, mais à la condition que dix jours avant la réunion elle soit communiquée au conseil d'administration ou au gérant et publiée par la même voie que les avis de convocation.

Art. 16. — Les délibérations sont prises à la majorité des voix des membres présents.

La majorité doit être des deux tiers dans les assemblées qui ont pour objet, soit de constituer la Société, soit de modifier les statuts sociaux.

Art. 17. — L'assemblée générale peut être prorogée séance tenante à quinze jours, à la demande soit du conseil d'administration ou du gérant, soit d'un groupe d'actionnaires possédant un vingtième du capital social. La prorogation annule la décision prise.

Art. 18. — Sauf stipulation contraire, l'assemblée générale a le droit de modifier les statuts, soit quant au capital de la Société, à sa durée, à la répartition des bénéfices, soit sur tous autres points, sous la seule condition de ne pas changer l'objet essentiel de la Société.

Art. 19. — Si une résolution quelconque adoptée par la majorité dépassait ou était jugée dépasser ses pouvoirs, *elle pourrait néanmoins passer outre en remboursant aux actionnaires dissidents la somme déboursée par eux* pour souscrire ou acheter leurs actions.

Toutefois, ce droit n'appartiendrait à la majorité que si les dissidents possédaient ensemble moins de un centième du fonds social.

Art. 20. — Les peines prononcées par l'article 13 de la loi de 1867 sont applicables à tous ceux qui se présentent dans l'assemblée générale comme propriétaires d'actions qui ne leur appartiennent pas, alors même qu'il n'en serait pas résulté une majorité factice.

Chapitre III.

De l'émission des Obligations.

Art. 21. — Aucune émission de titres de créances

sous le nom d'obligations, ou tout autre, par une Société, ne doit avoir lieu *avant libération complète des actions*.

ART. 22. — Le chiffre des souscriptions obtenues et celui des versements effectués sont constatés par une déclaration passée devant notaire, à laquelle sont annexés la liste nominative des souscriptions et l'état des sommes versées.

Cette déclaration est certifiée véritable par l'emprunteur, ou, s'il est étranger, par son représentant français, lesquels sont punis, si la déclaration est fausse, des peines portées par l'article 150 du code pénal.

ART. 23. — Toute émission est subordonnée à la ratification des souscripteurs, consentie dans une assemblée générale représentant au moins le un dixième du capital émis, et votant à la majorité des membres présents.

Tout souscripteur peut demander, même après le vote, que l'assemblée soit prorogée à quinzaine pour statuer définitivement dans une seconde réunion.

ART. 24. — Dans la première ou la deuxième assemblée, *il est nommé* un ou *plusieurs commissaires*, souscripteurs ou non, *chargés de faire un rapport sur l'emploi des fonds prêtés* à une autre assemblée, réunie au plus tard dans le cours de l'année qui suit l'emprunt.

A défaut de commissaires nommés par l'assemblée, ou en cas d'empêchement quelconque, la nomination a lieu à la requête de tout intéressé par le président du tribunal de commerce.

ART. 25. — Dans l'assemblée réunie pour entendre le rapport des commissaires, il est décidé si leur mandat doit, ou non, être continué ; et, en cas d'affirmative, l'assemblée détermine la durée et l'exercice de leurs fonctions.

ART. 26. — Les commissaires en exercice assistent

avec voix consultative à toutes les assemblées générales des actionnaires.

Quinze jours après la réunion, ils ont le droit, comme chacun des obligataires, de prendre communication au siége social des pièces mentionnées en l'article 35 de la loi du 24 juillet 1867.

Art. 27. — Les obligations doivent être remboursables *par annuités égales*, et si une prime de remboursement est stipulée, porter un intérêt minimum de 3 0/0 par an.

Art. 28. — En cas d'émissions successives d'obligations, *un droit de préférence* appartient aux premières émissions, par ordre de date, tant pour les intérêts que pour le capital, à moins de réserve contraire par l'emprunteur.

Art. 29. — Indépendamment des dispositions ci-dessus, il peut être stipulé toutes autres conditions ou garanties, soit par les obligataires eux-mêmes avant de ratifier l'émission, soit par l'État, les départements et les communes dans les actes de concession de travaux publics.

Art. 30. — Les dispositions du présent chapitre sont obligatoires, soit que l'émission émane de l'emprunteur, ou du créancier, ou des détenteurs des titres.

Elles sont applicables en ce qu'elles n'ont rien de spécial aux Sociétés, aux émissions faites par les individus.

Elles le sont aussi à l'émission des titres étrangers, même à ceux émis par des villes ou des États.

Art. 31. — En cas d'infraction à l'une ou à l'autre des prescriptions ci-dessus, de même qu'à défaut de justification d'un emploi de fonds conforme à la destination annoncée, *l'emprunteur est déchu du bénéfice du terme,* sans préjudice des peines portées par la loi s'il y a lieu.

Chapitre IV.

De la publication des Actes de Société.

—

Art. 32. — *Il sera créé un recueil unique* pour la publication des actes et délibérations de la Société.

Un règlement d'administration publique déterminera la forme et les conditions d'existence de ce recueil.

Art. 33. — Une copie certifiée du bilan et du compte de profits et pertes de toute Société par actions est déposée, chaque année, aux greffes de la justice de paix et du tribunal de commerce du lieu dans lequel est établie la Société. Ce dépôt a lieu dans le mois qui suit l'approbation des comptes par l'assemblée générale, à peine d'une amende de 50 à *1,000 francs*, et de dommages-intérêts s'il y a lieu.

Art. 34. — *Par dérogation à l'article 64 de la loi du 24 juillet 1867, est purement facultative l'énonciation du capital social* dans les actes et documents émanés des Sociétés anonymes ou en commandite par actions.

Si l'énonciation a lieu, *elle doit porter le capital réel* tel qu'il résulte du dernier bilan, sous peine de l'amende et des dommages-intérêts prononcés par l'article précédent.

Art. 35. — Toute simulation, toute combinaison ayant pour effet d'annihiler ou diminuer les garanties établies par la loi en faveur des actionnaires ou des tiers, et ayant pour but de procurer à ses auteurs des avantages ou bénéfices illicites, est punie des peines portées par l'article 405 du code pénal, sans préjudice des dommages-intérêts s'il y a lieu.

Art. 36. — Toute spéculation par une Société sur ses propres actions et obligations, est punie des peines portées en l'article 13 de la loi du 24 juillet 1867.

—

Chapitre V.

Dispositions générales.

—

Art. 37. — Les dispositions de la présente loi sont applicables à toutes les Sociétés qui divisent leur capital en actions, même aux Sociétés civiles qui n'adopteraient pas la forme anonyme ou en commandite.

Art. 38. — Sont aussi applicables aux mêmes Sociétés toutes les dispositions civiles ou pénales de la loi du 24 juillet 1867 concernant :

La souscription, l'émission ou la négociation des actions ;

La vérification des apports ;

La distribution des dividendes fictifs ;

Le fonds de réserve ;

Et la publication de la Société.

Art. 39. — Sont abrogés les articles 3, 4 (4ᵉ et 8ᵉ alinéas), 27, 28, 29, 30 et 31 de la loi du 24 juillet 1867.

Projet de Loi

Sur les Sociétés commerciales, par A. Doussaud.

—

ARTICLE 1ᵉʳ. — La loi du 24 juillet 1867 et le titre III du code de commerce sont abrogés.

ART. 2. — Les contrats de Sociétés sont formés par les conventions des parties et régis par les principes ordinaires du droit commun.

Toutes les Sociétés commerciales, quelles que soient leurs formes, sont reconnues par la loi ; mais elles n'existent légalement vis-à-vis des tiers qu'à la condition d'être constituées par des actes publics publiés littéralement et en entier dans les journaux d'annonces légales et déposés, au moyen de copies en forme, aux greffes du tribunal de commerce de l'arrondissement et de la justice de paix du siége social, où toute personne peut en prendre communication sans frais.

ART. 3. — Les Sociétés, leurs administrateurs, gérants et directeurs sont assimilés aux commerçants en ce qui concerne leurs devoirs et leurs obligations, et soumis en conséquence à toutes les lois spéciales au commerce.

FIN

TABLE DES MATIÈRES

DEUXIÈME PARTIE

—

APPENDICE

—

*Législation sur les Sociétés depuis 1509 jusqu'en 1880,
et nouveaux projets de loi.*

I

Législation de 1509 à 1800

II

Législation de 1800 à 1880

III

Nouveaux projets de loi

Brive, imprimerie Marcel ROCHE, rue des Échevins — 1180